Learning Persian (Farsi)

Learning Persian (Farsi)

Reading, Writing and Speaking

Book One

by
Simin Mohajer
Mahvash Shahegh
Farima S. Mostowfi

Ibex Publishers,
Bethesda, Maryland

TABLE OF CONTENTS

Introduction

A Few Words for Teachers of Persian

This book originated at a meeting of the American Association of Teachers of Persian (AATP) in Bethesda, Maryland, in 2004. Two of the authors, Simin Mohajer and Mahvash Shahegh, discussed their frustrations with the existing Persian language textbooks and decided to write a book whose method would overcome these shortcomings. Soon thereafter, Farima Mostowfi joined the project.

Through years of teaching our major concern was that most of the books written in the field overuse English and that the use of English to teach another language is unnecessary. The method we have adopted is a step closer to our aims in teaching Persian. We hope that other teachers of Persian will offer their constructive ideas to help us eliminate any shortcomings.

How Our Method Works

This book builds up vocabulary gradually in each lesson by adding to the words presented earlier and by integrating all of the ideas. Frequent repetition reinforces what the student has already learned.

An outline of the first lesson will provide a better understanding of this method.

1. Upon entering the class, the teacher greets the students, offers a personal introduction in Persian, and repeats simple introductory sentences several times. Then the teacher asks the students to do the same, while listening to their pronunciation.

2. Further introduction includes greeting, giving one's name, and exchanging phone numbers. The instructor encourages the students to practice this dialogue with each other and invites one or more of them to play the instructor's role and to practice the dialogue with the other students.

3. When the students are comfortable with the introductory instruction, the teacher presents the numbers zero to five and asks the students to state their phone numbers. Use of learning materials such as playing cards and flash cards with numbers is recommended.

4. Next, the students listen to the audio segment on the CD and practice the entire dialogue among themselves, while the teacher supervises. At the end, the teacher adds the expression for "good-bye" to the vocabulary they have learned.

5. Near the end of the session, the teacher writes the letters of the Persian alphabet used in that lesson on the board, so the students can become familiar with their appearance and pronunciation.

6. The homework assignment for the second class is to listen to the audio segment on the CD and to answer the questions aloud.

Because this method is direct (*i.e.*, presented solely in Persian), English translations in the glossary help the students complete the exercises.

Starting with lesson three, the last part of each lesson provides more vocabulary, which could be used for further exercises. The book also contains two quizzes that help the teacher evaluate the students' comprehension.

The final pages of volume one consist of appendixes that will benefit both teachers and students: a section on Persian grammar, a glossary of grammatical terms, and a list of the present stems for irregular verbs. We recommend that at least two sessions be devoted to each lesson.

Acknowledgments

We greatly appreciate the ideas and editing of Patrick Clawson, who was very generous with his time and energy. We also thank Farrokh Golgolab for help with the sound and Sahar Nowrouzzadeh for her wonderful illustrations. In addition, we would like to convey our special thanks and appreciation to Touradj and Safoura Sadigh Mostowfi, Zoha Vaezi, Mona Yazdani, Melody and Mona Khorrami, Melody Akhavan, Jonathan Goldberg, Samir Farhumand, and Bijan Ganji, whose voices you hear on the CD.

Simin Mohajer, American University
Mahvash Shahegh, John Hopkins University
Farima S. Mostowfi, Georgetown University

یادگیری زبان فارسی

خواندن، نوشتن و صحبت کردن

گام اوّل

یادگیری زبان فارسی

خواندن، نوشتن و صحبت کردن

گام اوّل

نوشتهٔ

سیمین مهاجر

مهوش شاهق

فریما صدیق مستوفی

Ibex Publishers,
Bethesda, Maryland

Learning Persian: Book One
by Simin Mohajer, Mahvash Shahegh & Farima S. Mostowfi

یادگیری زبان فارسی: خواندن، نوشتن و صحبت کردن. گام اوّل

Copyright © 2007, 2010 Simin Mohajer, Mahvash Shahegh & Farima Mostowfi

Cover design by Payam Golchin, Amir-Mohsen Kashani & Shahrzad Gharavi

ISBN-13: 978-1-58814-052-4

Manufactured in the United States of America

☺ The paper used in this book meets the minimum requirements of the American National Standard for Information Services - Permanence of Paper for Printed Library Materials, ANSI Z3948-1984

Ibex Publishers strives to create books which are complete and error free. If you spot any errors or have any other suggestions, please write us at the address below or email us at: corrections@ibexpub.com.

Ibex Publishers, Inc.
Post Office Box 30087
Bethesda, Maryland 20824
Telephone: 301-718-8188
Facsimile: 301-907-8707
www.ibexpublishers.com

Revised: September 2010

Library of Congress Cataloging-in-Publication Information

Mohajer, Simin.
Learning Persian (Farsi) : reading, writing and speaking : book and CD, book one / Simin Mohajer, Mahvash Shahegh, Farima S. Mostowfi.
p.   cm.
ISBN -10: 1-58814-052-0 (alk. paper)
1. Persian language—Textbooks for foreign speakers—English. I. Shahegh, Mahvash. II. Mostowfi, Farima S.   III. Title.

PK6235 .M495 2007
491/.55 22—dc22   2007061325

فهرست

پیوست‌ها

دستور زبان فارسی

گفتگوئی کوتاه با معلّمان زبان فارسی

در گرد هم آئی معلّمان زبان فارسی در کنفرانس مطالعات ایرانی در سال ۲۰۰۴ که در مریلند برگزار شد من، سیمین مهاجر از دانشگاه آمریکن، و مهوش شاهق، از دانشگاه جانز هاپکینز، شانس آشنائی با یکدیگر را پیدا کردیم و پس از مذاکراتی چند در زمینه آموزش این زبان و به دنبال تجربیاتی که هر دوی ما در این امر داشتیم دربارهٔ لزوم نوشتن کتاب درسی ای که روش مستقیمی ارائه دهد خود را هم صدا و هم فکر یافتیم. این دیدار سبب شد که با استفاده از زبان شیرین فارسی کتابی درسی تألیف کنیم که روشی مستقیم برای آموزش این زبان باشد.

تجربیات ما نشان می‌داد که در آموزش زبان فارسی نباید مقایسه‌ای با زبانی دیگر وجود داشته باشد چون بیشتر کتاب‌های درسی فارسی تلفیقی است از فارسی و انگلیسی. در حالی که بیشتر شاگردان ما در دانشگاه‌ها زبان مادریشان انگلیسی نبوده و نیست و لذا این مقایسه و تطبیق ضرورتی ندارد.

با نگاهی به کتاب‌های درسی زبان‌های دیگر از جمله عبری و عربی و فرانسه دریافتیم که آن‌ها فقط زبان عبری و عربی و فرانسه می‌آموزند بدون توجّه به مقایسه آن با زبانی دیگر. این فکر بنا به توصیه کسانی که سال‌ها دانشجوی زبان فارسی بوده‌اند و این مقایسه را بخصوص برای نوآموزان مفید نمی‌دانستند، نشأت گرفت.

در این فکر بودیم که با فریما صدیق مستوفی از دانشگاه جرج تاون آشنا شدیم و این فکر با همکاری ایشان به مرحلهٔ عمل در آمد.

روشی که برای تدوین این کتاب در نظر گرفته شد گرچه ممکن است نارسائی‌هائی داشته باشد و جوابگوی خواسته‌های اصلی و ادّعای ما نباشد امّا ممارستی است برای نزدیک شدن به هدف. باشد که دست اندرکاران تدریس زبان فارسی با نظریه‌های سازندهٔ خود ما را یاری دهند تا بتوانیم در کتاب‌های متوسّطه و عالی بعدی این نارسائی‌ها را جبران کنیم.

منظور اصلی در نوشتن این کتاب تکرار موضوع‌های گنجانده شده و برقراری ارتباط منطقی بین آنها است. بدین معنی که واژه‌های استفاده شده در درس اوّل را تا آن جا که مقدور بوده تا به

آخر تکرار کرده‌ایم زیرا با تکرار است که واژه در ذهن دانشجو نقش می‌بندد. این روند تا پایان کتاب به کار برده شده است.

برای توضیح این روش ما درس اوّل را با هم مرور می کنیم.

۱- معلّم به هنگام ورود به کلاس سلام کرده، خود را به زبان فارسی معرّفی می کند و برای بهتر فهماندن منظورش به خود اشاره کرده، چندین بار جمله‌ی مربوط به معرّفی خود را تکرار می کند. سپس از یک یک دانشجویان می‌خواهد که خود را با همان الگو معرّفی کنند و در حین گفتگو به تصحیح تلفّظ شاگردان نیز می‌پردازد.

۲- این معرّفی شامل سلام، اسم و شماره‌ی تلفن است. معلّم از آن‌ها می‌خواهد که با یکدیگر همین گفتگو را تمرین کنند و سپس از یکی از آن‌ها دعوت می کند که نقش او را بازی کرده، همین تمرین‌ها را با دانشجویان دیگر انجام دهد. این روش باعث گرمی کلاس، و شرکت همه‌ی دانشجویان در درس مربوطه خواهد شد.

۳- بعد از مسلّط شدن شاگردان در این قسمت به معرّفی اعداد صفر تا پنج از طریق نوشتن اعداد می‌پردازد و از آن‌ها می‌خواهد که با استفاده از این شماره‌ها شماره تلفنی درست کنید. از وسائل دیگری نظیر ورق بازی و یا کارت‌های اعداد نیز می‌توان استفاده کرد.

۴- در این مرحله معلّم سی دی مربوط به درس را با شاگردان گوش کرده و از چند دانشجو می‌خواهد که تمام درس را با همدیگر و به کمک معلّم تمرین کنند و در آخر واژه‌ی«خداحافظ» را نیز به لیست واژه‌های آموخته شده اضافه می کند.

۵- پیش از تمام کردن کلاس چند حرف الفبا را که در درس آمده است برای آن‌ها روی تخته می‌نویسد و آن‌ها را با تلفّظ و شکل این حرف‌ها آشنا می کند.

۶- تکلیف برای جلسه‌ی بعد گوش کردن به سی دی و جواب دادن به سؤالات ذکر شده در سی دی به طور شفاهی و تمرین گفتاری حروف الفباست.

چون این روش مستقیم است وما از زبان انگلیسی در درس‌ها استفاده نکرده‌ایم تا آشنایی کامل دانشجو با اصطلاحات فارسی لطفاً برای انجام تمرین‌ها در چند درس اوّل به دستورالعمل انگلیسی آنها در ابتدای کتاب نگاه کنید و فارسی آن را با دانشجویان تمرین کنید.

در این کتاب دو آزمون، زیر عنوان «خود را بیازمائید» گنجانده شده است تا معلّمان عزیز با آن میزان آموخته‌های دانشجویان را ارزیابی کنند.

در آخر هر درس واژه‌های بیشتری در رابطه با موضوع درس گنجانده شده تا دانشجویان با کمک معلّم خود با آن واژه‌ها جمله‌های جدید بسازند. این روش تمرین بیشتری است برای جمله سازی و افزودن به گنجینه‌ی واژه‌های آنها.

در پایان هر درس واژه نامه‌ای به هر دو زبان فارسی و انگلیسی داده شده است.

و در پایان بخش دستور زبان، صرف بعضی از فعل ها در زمان‌های مختلف، واژه‌نامه‌ای از موضوعات دستوری بزبان انگلیسی و همچنین فهرستی از ریشهٔ مضارع (زمانِ حال) فعلهای بی‌قاعده‌ی فارسی منظور شده است.

پیشنهاد ما این است که دست کم دو جلسه به هر درس اختصاص داده شود.

سپاس و قدردانی

در اینجا لازم می‌دانیم که از کمک‌های بی‌دریغ پاتریک کلاسون در ارتباط با ویراستاری، فرّخ گل گلاب برای تهیّه‌ی و تنظیم صدا، و سحر نوروززاد که کتاب را به تصویر کشید و پیام گلچین، امیر محسن کاشانی که زیر نظر استاد شهرزاد غروی طرح روی جلد را تهیه کردند، صمیمانه تشکّر کنیم. همچنین ازتورج و صفورا صدیق مستوفی، ضحی واعظی، مونا یزدانی، ملودی و مونا خرّمی، ملودی اخوان، جاناتان گلدبرگ، سمیر فرهومند و بیژن گنجی که درضبط مکالمه‌ها ما را یاری دادند، سپاسگزاریم.

با آرزوی موّفقیت شما در کلاس‌های درس فارسی و هر جای دیگر.

سسیمین مهاجر، دانشگاه آمریکن

مهوش شاهق، دانشگاه جانز هاپکینز

فریما صدیق مستوفی، دانشگاه جرج تاون

دستورالعمل برای انجام تمرین‌ها

Instructions in English

Listen and repeat .... بشنوید و تکرار کنید

Questions from the lesson .... پرسش از درس

Colloquial .... زبان گفتاری

Exercise .... تمرین

Complete the sentences .... جمله‌هارا تمام/کامل کنید

Repeat the numbers from zero to five .... شماره‌ها را از ۰ تا ۵ تکرار کنید

Let's write in Persian .... فارسی بنویسیم

Practice this dialogue with a friend .... این مکالمه را با دوستتان تمرین کنید

Make sentences with these words .... با این واژه‌ها جمله بسازید

Listen to the CD and prepare for the roles .... به سی‌دی گوش کنید و برای بازی نقش‌ها آماده شوید

Change these sentences into the negative .... جمله‌های زیررا منفی کنید

Test yourself .... خودرا بیازمائید

Change the verbs in parantheses to the negative .... فعل‌های داخل پرانتز را منفی کنید

New vocabulary .... واژه‌های نو

Answer the following questions .... به پرسش‌های زیر جواب دهید

Write the lesson in present tense .... درس را به زمان حال بنویسید

Make comparative and superlative adjectives with these words .... با این واژ ه ها صفت برتر و برترین درست کنید

درس ۱

اهداف درس:

موضوعی: روز اوّل کلاس

دستور زبان: ساختمان جمله / کسره‌ی اضافه

فعل ربطی «است»

حروف: نگاه کنید به الفبا

روز اوّل کلاس

استاد: سلام، اسم من مریم مرادی است و شماره‌ی تلفن من ۲۳۴۱۵۲۳ است.

استاد: اسم شما چیست؟

تام: اسم من «تام» است.

استاد: تام، شماره‌ی تلفن شما چیست؟

تام: شماره‌ی تلفن من ۵۳۴۲۱۵۲ است.

استاد: اسم شما چیست؟

ننسی: اسم من ننسی است.

استاد: ننسی، شماره‌ی تلفن شما چیست؟

ننسی: شماره‌ی تلفن من ۴۳۵۲۱۳۵ است.

استاد: اسم شما چیست؟

ترانه: اسم من «ترانه» است.

استاد: ترانه، شماره‌ی تلفن شما چیست؟

ترانه: شماره‌ی تلفن من ۲۵۴۳۲۱۵ است.

استاد: اسم شما چیست؟

لیندا: اسم من «لیندا» است.

استاد: لیندا شماره‌ی تلفن شما چیست؟

لیندا: شماره‌ی تلفن من ۵۱۴۳۲۴۴ است.

استاد: اسم شما چیست؟

بیژن: اسم من بیژن است.

استاد: بیژن، شماره‌ی تلفن شما چیست؟

بیژن: شماره‌ی تلفن من ۲۰۲۳۵۱۴ است.

بشنوید و تکرار کنید.

اسم من لیندا و شماره تلفن من ۵۱۴۳۲۴۴ است.

واژه‌های نو:

سلام / اسم / من / شماره / تلفن / استاد

چیست / است / ۵ / ۴ / ۳ / ۲ / ۱ / ۰

الفبا

ل لـ / ت تـ / ه هـ ـهـ ـه / ی یـ / ر / ن نـ / ش شـ / چ چـ / د /

س سـ / آ / ا / ف فـ / م مـ

پرسش از درس:

۱- اسم شما چیست؟

۲- شماره‌ی تلفن شما چیست؟

۳- شماره‌ی تلفن لیندا چیست؟

۴- شماره‌ی تلفن استاد چیست؟

۵- اسم من چیست؟

زبان گفتاری:

اسم شما چیه؟ (زبان گفتاری) =

اسم شما چیست؟ (زبان نوشتاری)

تمرین ۱

🖎 جمله‌ها را کامل کنید:

۱- اسم ــــــــــــــــــــ لیندا است.

۲- اسم ــــــــــــــــــــ چیست؟

۳- شماره‌ی ــــــــــــ شما ــــــــــــ ؟

۴- ــــــــــــ تلفن استاد ــــــــــــ ؟

۵- ــــــــــــــــــــ شما چیست؟

تمرین ۲

شماره‌ها را از ۰ تا ۵ تکرار کنید.

🖎 **فارسی بنویسیم:**

اسم من ترانه است.

واژه نامه‌ی درس ۱

سلام .... hello

اسم .... name

من I

شماره .... number

تلفن .... telephone

استاد .... professor

چیست .... what is

است .... is

شما .... you

۰ .... zero

۱ .... one

۲ .... two

۳ .... three

۴ .... four

۵ .... five

درس ۲

اهداف درس:

موضوعی: دیدار دو دانشجو

دستوری: فعل «هستن»، ضمائر شخصی گسسته (منفصل)

حروف: نگاه کنید به الفبا

دیدار دو دانشجو

لیندا:	آقا اسم شما چیست؟
بیژن:	اسم من بیژن است و اسم فامیل من گنجوی است. خانم اسم شما چیست؟
لیندا:	اسم من لیندا و اسم فامیل من «لیم» است.
بیژن:	لیندا، شما اهل کجا هستید؟
لیندا:	من اهل تنسی هستم. شما اهل کجا هستید؟
بیژن:	من اهل دالاس هستم.
لیندا:	بیژن، شماره‌ی اتاق شما چیست؟
بیژن:	شماره‌ی اتاق من ۷ است. شماره‌ی اتاق شما چیست؟
لیندا:	شماره‌ی اتاق من ۸ است.
بیژن:	لیندا، قهوه یا چای میل دارید؟
لیندا:	بله کجا؟
بیژن:	در قهوه خانه‌ی دانشگاه.
لیندا:	قهوه خانه‌ی دانشگاه خوب است.

بشنوید و تکرار کنید:

قهوه میل دارید؟

چای میل دارید؟

قهوه یا چای میل دارید؟

واژه‌های نو:

فامیل / اهل / دیدار / کجا / اتاق / قهوه خانه / چای / قهوه /
دانشگاه / خانم / آقا / چه / میل دارید / هستم / بله / خوب / ۶/
۷ / ۸ / ۹

الفبا:

ک کـ / خ خـ / ج جـ / گ گـ / و
ژ / ب بـ / ق قـ

پرسش از درس:

۱- شماره‌ی اتاق لیندا چیست؟

۲- اسم فامیل بیژن چیست؟

۳- شماره‌ی اتاق بیژن چیست؟

۴- بیژن و لیندا کجا قهوه می‌نوشند؟

۵- بیژن قهوه میل دارد یا چای؟

تمرین ۱

✎ جمله‌ها را کامل کنید:

۱- _____ میل دارید؟

۲- چای _____ ؟

۳- _____ اتاق لیندا _____ است.

۴- اسم _____ بیژن _____ است.

۵- شماره‌ی _____ لیندا ۸ است.

تمرین ۲

به پرسش‌های زیر جواب بدهید:

۱- شماره‌ی اتاق شما چیست؟

۲- لیندا و بیژن چه میل داشتند؟

۳- لیندا چای میل داشت یا قهوه؟

۴- بیژن چه میل داشت؟

۵- لیندا و بیژن کجا هستند؟

✎ **فارسی بنویسیم:**

من در اتاق شماره‌ی ۶ هستم.

زبان گفتاری:

شما چی میل داری؟ (زبان گفتاری) =

شما چه میل دارید؟ (زبان نوشتاری)

واژه نامه‌ی درس ۲

family name, surname	اسم فامیل
from	اهل
visit	دیدار
where	کجا
room	اتاق
coffeehouse	قهوه خانه
tea	چای
coffee	قهوه
university	دانشگاه
Ms., Madam	خانم
Mr., Sir	آقا
what	چه
would you like	میل دارید
I am	هستم
yes	بله
fine, okay, good	خوب
six	۶
seven	۷

۸. ....eight

۹. ....nine

درس ۳

اهداف درس:

موضوعی: در قهوه خانه‌ی دانشگاه

دستوری: زمان حال و موارد استفاده آن / ضمائر اشاره

حروف: نگاه کنید به الفبا

در قَهوه خانه‌ی دانشگاه

ثریّا:	سَلام بیژن چه میل دارید؟
بیژن:	سَلام ثریّا من قهوه می‌خواهم و لیندا چای می‌خواهد.
ثریّا:	پس فقط یک قهوه و یک چای؟
بیژن:	بله، لطفاً.
ثریّا:	با شیر یا شکر؟
بیژن:	لطفاً فقط با شیر.
ثریّا:	بفرمائید.
بیژن:	متشکّرم ثریّا خانم.
ثریّا:	بیژن، این خانم فامیل شما است؟
بیژن:	نه این خانم دوست من است.
ثریّا:	لیندا، شما اهل کجا هستید؟
لیندا:	من اهل تنسی هستم.
ثریّا:	شما هم دانشجو هستید؟
لیندا:	بله، من دانشجوی سال اوّل هستم، ثریّا شما در کدام اتاق هستید؟
ثریّا:	من در اتاق شماره‌ی ۱۰ هستم.
بیژن:	ثریّا، حساب ما چقدر شد؟
ثریّا:	۵ دلار و ۸ سنت.
بیژن:	بفرمائید این ۵ دلار و ۸ سنت.
ثریّا:	لیندا از دیدن شما خوشحالم.

لیندا: من هم از دیدن شما خوشحالم.

بیژن و لیندا: خداحافظ.

ثریّا: خداحافظ.

بشنوید و تکرار کنید:

۱- چه میل دارید ؟ قهوه یا چای؟

۲- من قهوه می‌خواهم.

واژه‌های نو:

شیر / شکر / لطفاً / حساب / چقدر / دوست

پس / بفرمائید / متشکّرم / خوشحال / دانشجو

سال / اوّل / دیدن / خداحافظ / با / یا / این

نه / در / کدام / هم / فقط

الفبا:

پ پ / ث ث / ز / ظ / ط / ح ح

پرسش از درس:

۱- بیژن قهوه را با چه می‌خواهد؟

۲- لیندا چه می‌خواهد؟

۳- حساب آن‌ها چقدر است؟

۴- لیندا اهل تنسی است؟

۵- لیندا و بیژن دوست هستند؟

تمرین ۱

✎ **جمله‌های زیر را مرتّب کنید:**

۱- بیژن / حساب / ۵ دلار / است / ۸ سنت / و

۲- دارید / میل / قهوه را / با / چی؟

۳- تنسی / اهل / لیندا / است

۴- دوست / شما / بیژن / است؟

۵- اسم / بیژن / دوست / چست؟

تمرین ۲

این مکالمه را با دوستتان تمرین کنید.

✎ فارسی بنویسیم:

شما چای با شکر می‌خواهید؟

زبان گفتاری:

من قهوه می‌خوام. (زبان گفتاری) =

من قهوه می‌خواهم. (زبان نوشتاری)

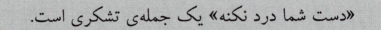

«دست شما درد نکنه» یک جمله‌ی تشکری است.

واژه نامه‌ی درس ۳

milk..شیر

sugar ....شکر

please ....لطفاً

bill (account)...حساب

how much..چقدر

friend ....دوست

please (take) ....بفرمائید

thank you..متشکّرم

happy ....خوشحال

year..سال

first..اوّل

to see ....دیدن

good-bye..خداحافظ

with..با

this..این

no..نه

in..در

which ....کدام

also, too .... هم

ten .... ده

he/she wants .... می‌خواهد

only, just .... فقط

how much is our bill? .... حساب ما چقدر شد؟

student .... دانشجو

relative .... فامیل

واژه‌های بیشتر مربوط به درس

bazaar, market .... بازار

school .... مدرسه

museum .... موزه

store .... فروشگاه

درس ۴

اهداف درس:

موضوعی: در کتاب فروشی دانشگاه

دستوری: علامت جمع / ضمائر پیوسته

                  کلمه‌های پرسشی / فعل پیشوندی

حروف: نگاه کنید به الفبا

در کتاب فروشی دانشگاه

لیندا و بیژن: سلام صبح بخیر آقا، ما دانشجوی سال اوّل هستیم و کتاب‌هایمان را می‌خواهیم.

فروشنده: لطفاً اسم کتاب‌هایتان را به من بدهید. کتاب‌های شما فردا صبح حاضر است.

بیژن: آقا، من یک بسته کاغذ و سه مداد هم می‌خواهم. مدادها کجا هستند؟

فروشنده: مدادها در آخر ردیف ۲ هستند.

بیژن: متشکّرم آقا، این کتاب فروشی تا کی باز است؟

فروشنده: این کتاب فروشی تا ساعت ۸ شب باز است.

بیژن: پس ما فردا صبح بر می‌گردیم.

فروشنده: بسیار خوب.

بیژن: تا فردا صبح خداحافظ.

لیندا: بیژن، پس برویم غذا بخوریم.

بیژن: چه غذائی دوست داری؟

لیندا: من به غذای ایرانی علاقه دارم.

بیژن: پس به رستوران آقای صالحی می‌رویم.

بشنوید و تکرار کنید:

کتاب فروشی تا کی باز است؟

واژه‌های نو:

مداد / چند / کاغذ / ساعت / تا / باز / بدهید / حاضر / بسیار خوب / کی / بسته / کتاب فروشی / بر می‌گردیم / غذا / ایرانی / دو / برویم / ردیف / آخر / فردا / صبح / سه / ما / علاقه داشتن.

الفبا:

ذ / ص صـ / ض ضـ / غ غـ / ع عـ

پرسش از درس:

۱- لیندا و بیژن چه می‌خواهند؟

۲- کتاب‌های بیژن و لیندا کی حاضر است؟

۳- آنها بعد از کتاب فروشی به کجا می‌روند؟

۴- بیژن چند مداد می‌خواهد؟

۵- کتاب فروشی هر روز تا کی باز است؟

تمرین ۱

🖉 جمله‌ها را مرتّب کنید:

۱- مداد / ۳ / بیژن / می‌خواهد.

۲- ساعت / ۸ / تا / کتاب‌فروشی / باز / است.

۳- کتاب‌هایمان را / بخریم / می‌خواهیم / ما.

۴- مداد / سه / و / کاغذ / می‌خواهم / من / یک بسته.

۵- فردا / ما / پس / بر می‌گردیم.

۶- مدادها / در / ردیف / آخر / ۲ / هستند.

تمرین ۲

🖉 با این واژه‌ها جمله درست کنید:

مداد / دانشجو / شب / ساعت / می‌خواهم

🖉 فارسی بنویسیم:

کتاب‌های شما تا فردا صبح حاضر است.

زبان گفتاری:

این کتاب‌فروشی تا کی بازه؟ (زبان گفتاری) =

این کتاب‌فروشی تا کی باز است؟ (زبان نوشتاری)

واژه‌نامه‌ی درس ۴

pencil .... مداد

some .... چند

paper .... کاغذ

hour .... ساعت

until .... تا

open .... باز

give .... بدهید

ready .... حاضر

when .... کی

pack .... بسته

bookstore .... کتاب فروشی

we will come back .... برمی گردیم

food .... غذا

Iranian .... ایرانی

two .... دو

row .... ردیف

last .... آخر

tomorrow .... فردا

morning .... صبح

I like .... علاقه دارم

then let us go and eat .... پس برویم غذا بخوریم

good morning .... صبح به خیر

we are .... هستیم

and .... و

book .... کتاب

our books .... کتابهایمان

we want .... می خواهیم

to me .... به من

your books .... کتابهای شما

I want .... می خواهم

they are .... هستند

alright .... بسیار خوب

you like .... دوست دارید، داری

we go .... می رویم

bookseller .... کتاب فروش

واژه‌های بیشتر مربوط به درس

قلم، خودکار .... pen

دفتر .... notebook

گچ .... chalk

تخته سیاه .... blackboard

پاک‌کن .... eraser

درس ۵

اهداف درس:

موضوعی: آمادگی برای برگزاری جشن تولّد و آشنائی دانشجو با اسم چند

غذا و سبزی

دستوری: فعل امر

آمادگی برای تولّد سیما

لیندا:	سیما، فردا چند نفر مهمان داری؟
سیما:	پانزده تا مهمان دارم. پنج استاد و ده دانشجو. بیژن تو هم دوست داری بیائی؟
بیژن:	بله. آیا می‌توانم کمکی هم بکنم؟
سیما:	بله، لطفاً تو هم سبزی و پنیر بخر.
بیژن:	بسیار خوب.
لیندا:	آیا بهتر نیست غذا هم بپزیم؟
بیژن:	بله، من برای آن‌ها اسپاگتی درست می‌کنم.
سیما:	بسیار خوب! آیا دسر هم لازم است؟
لیندا و بیژن:	بله یک کیک تولّد هم لازم است.
لیندا:	سیما پس تو هم چند نوشابه بخر.
سیما:	من دیروز چهار بطری پپسی و دو بطری آب پرتقال خریدم.
لیندا:	بچّه‌ها، من فردا صبح با کِیک بر می‌گردم.
سیما:	پس تا فردا صبح، خداحافظ.

🔊 **بشنوید و تکرار کنید:**

فردا شب چند نفر مهمان داری؟

واژه‌های نو:

سبزی / پنیر / لازم / بپزیم / آب پرتقال / نوشابه / مهمان / تولّد /
کِیک / حالا / برای / آیا/دسر / کمک / اگر / بخری / دیروز /
بچه‌ها / ده / تو / دوست داری / بهتر / بطری

پرسش از درس:

۱- چه کسی فردا شب مهمان دارد؟

۲- مهمانی برای چیست؟

۳- سیما چند نفر مهمان دارد؟

۴- آیا سیما غذا می‌پزد؟

۵- سیما چه می‌خواست؟

تمرین ۱

جمله‌ها را کامل کنید.

۱- بهتر است ________ هم درست کنیم.

۲- تو چند تا ____________ داری؟

۳- ________ چهار ____________ خریدیم.

۴- من ________ برای ________ اسپاگتی درست می کنم.

۵- لطفاً ________ سبزی و ________ بخر.

تمرین ۲

به سی دی گوش کنید و برای بازی نقش‌ها آماده شوید.

فارسی بنویسیم:

فردا شب چند تا مهمان داری؟

زبان گفتاری:

فردا شب چند نفر مهمون داری؟ (زبان گفتاری) =

فردا شب چند نفر مهمان داری؟ (زبان نوشتاری)

آلفبای فارسی

آ ا / ب / پ / ت / ث / ج / چ / ح / خ /

د / ذ / ر / ز / ژ / س / ش / ص / ض / ط / ظ

ع / غ / ف / ق / ک / گ / ل / م / ن / و / ه / ی

واژه نامه‌ی درس ۵

green vegetables, herbs .... سبزی

cheese .... پنیر

necessary .... لازم

we cook .... بپزیم

orange juice .... آب پرتقال

soft drink .... نوشابه

guest .... مهمان

birthday .... تولّد

cake .... کیک

now .... حالا

for .... برای

interrogative particle .... آیا

dessert .... دسر

help .... کمک

if .... اگر

buy .... بخر

yesterday .... دیروز

guys .... بچه‌ها

you .... تو

better .... بهتر

food .... غذا

how many, few .... چند

fifteen .... پانزده

you come .... بیائی

could you .... میتوانی

I do .... بکنم

واژه‌های بیشتر مربوط به درس

cucumber .... خیار

lettuce .... کاهو

apple .... سیب

grapes .... انگور

peach .... هلو

درس ۶

اهداف درس:

موضوعی: مهمانی جشن تولّد

دستوری: زمان گذشته‌ی ساده، مصدر و منفی کردن فعل

مهمانی جشن تولّد

لیندا و صبا وارد می‌شوند.

سیما: به به، خوش آمدید! بفرمائید تو.

صبا: سیما جان تولّدت مبارک.

سیما: پس ثریّا کو؟

صبا: ثریّا مریض شد و نیامد.

سیما: خیلی متأسّفم. من فردا به او تلفن می‌کنم.

صبا: من با استاد زبان فارسی صحبت کردم. چه خوب شد که او را
هم دعوت کردی!

لیندا: سیما جان! آیا صندلی برای همه‌ی مهمان‌ها داریم؟

سیما: بله ده تا بیشتر نداشتم پنج تا هم از همسایه‌مان گرفتم.

لیندا: چه خوب!

سیما: لطفاً بفرمائید سر میز. غذا حاضر است. از خودتان پذیرائی کنید.
پنیر و سبزی هم آن جا است.

بیژن: سیما جان نوشابه نداری؟

سیما: چرا، نوشابه روی میز است.

صبا: چه غذاهای خوشمزه‌ای! کیک تولّدت هم با ۲۰ شمع روی آن
خیلی زیباست!

سیما: خیلی ممنون، نوش جان!

بیژن: بچّه‌ها! حالا آهنگ تولّدت مبارک را برای سیما می‌خوانیم.

بشنوید و تکرار کنید:

به به، چه غذاهای خوشمزه‌ای!   /   خوش آمدید!   /   تولّدت مبارک!

واژه‌های نو:

مریض / صندلی / جشن / مبارک / خوشمزه

پذیرائی / آهنگ / بفرمائید تو / همسایه / ممنون/خودتان / دعوت

/ صحبت / میز / گرفتم /متأسّفم / خیلی / شمع / بیست / نوش

جان / به به / وارد می‌شوند / خوش آمدید / زبان فارسی

پرسش از درس:

۱- جشن تولّد چه کسی بود؟

۲- چه کسی به مهمانی نیامد؟

۳- چه کسی با استاد زبان فارسی صحبت کرد؟

۴- آیا صندلی برای همه مهمان‌ها بود؟

۵- چه آهنگی برای سیما خواندند؟

زبان گفتاری:

از خودتون پذیرائی کنین (زبان گفتاری) =

از خودتان پذیرائی کنید. (زبان نوشتاری)

تمرین ۱

✎ **با این کلمه‌ها جمله درست کنید:**

جشن تولّد / خوش مزه / بفرمائید / مریض

همسایه / حاضر

تمرین ۲

✎ **جمله‌ها را کامل کنید:**

۱- من _____ به او _____ می‌کنم.

۲- غذا _____ است.

۳- آیا _____ برای همه مهمان‌ها داریم؟

۴- _____ غذاهای خوشمزه‌ای!

۵- من _____ صندلی _____ پنج تا هم از _____ گرفتم.

تمرین ۳

✎ **جمله‌های زیر را منفی کنید:**

۱- من با استاد زبان فارسی صحبت کردم.

۲- نوشابه روی میز است.

۳- «تولّدت مبارک» را برای سیما می‌خوانیم.

۴- من ده صندلی داشتم.

۵- من فردا به او تلفن می‌کنم.

✎ **فارسی بنویسیم:**

ثریّا مریض شد و نیامد.

واژه نامه‌ی درس ۶

مریض .... sick, ill

صندلی .... chair

جشن .... party, feast

مبارک .... happy

خوش مزه .... delicious

پذیرائی کنید .... help yourself

آهنگ .... song

بفرمائید تو .... please come in

همسایه .... neighbor

ممنون .... thank you

خودتان .... yourself

دعوت کردی .... you invited

صحبت .... talk

میز .... table

گرفتم .... I took, I got

متأسفم .... I am sorry

خیلی .... very

شمع .... candle

twenty .... بیست

enjoy your food .... نوش جان!

how nice! .... به به!

yes, of course .... چرا، بله

they enter .... وارد می‌شوند

you are welcome .... خوش آمدید

language .... زبان

Persian, Farsi .... فارسی

where is? .... کو

to become .... شدن

to come .... آمدن

I call (phone) .... تلفن می‌کنم

all, everybody .... همه

I have .... دارم

how nice! .... چه خوب!

pretty, beautiful .... زیبا

now .... حالا

we sing .... می‌خوانیم

واژه‌های بیشتر مربوط به درس

لیوان..glass

قاشق .... spoon

کارد...knife

چنگال.. fork

بشقاب..plate

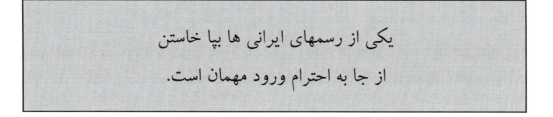

یکی از رسمهای ایرانی ها بپا خاستن

از جا به احترام ورود مهمان است.

خود را بیازمائید

۱- ✏ لطفاً فعل‌های داخل پرانتزرا منفی کنید.

۱- من کتاب‌های درسی‌ام را _____ (می‌خرم)

۲- لیندا غذا _____ (می‌پزد)

۳- بیژن هم به مهمانی _____ (می‌آید)

۴- یک کیک تولّد هم _____ (می‌خریم)

۵- برای تولّدت اسپاگتی _____ (درست می‌کنم)

۶- بیژن برای شام اسپاگتی _____ (می‌پزم)

۷- من پپسی و آب پرتقال _____ (می‌خرم)

۸- سیما نوشابه _____ ؟ (می‌خری)

۹- من به دانشگاه _____ (می‌روم)

۱۰- لیندا و بیژن به کتاب‌فروشی _____ (می‌روند)

۲- ✎ جمله‌های زیر را مرتّب کنید:

۱-   هم / تولد / می‌خریم / یک / کیک

۲-   می‌شود / تا فردا / حاضر / شما / کتاب‌های

۳-   لیندا / تنسی / است / اهل

۴-   دیدن / شما / شدم / خوشحال / من / از

۵-   بیژن / سال اوّل / دانشجوی / دانشگاه / است

۶-   شما / اسم / فامیل / چیست؟

۷-   تلفن / شماره‌ی / لیندا / چیست؟

۸-   یک / قهوه / می‌خواهم / من

۹-   تا ساعت / هر روز / کار می‌کنید / چند

۱۰- اسپاگتی / من / درست می‌کنم / برای آن‌ها

✎ جمله‌های زیر را در داخل کادر بنویسید.

۱- این خانم دوست من است.

۲- او قهوه می‌خواهد.

۳- بیژن به شما تلفن می‌کند.

| |
| |
| |
| |

درس ۷

اهداف درس:

موضوعی: مسافرت، آشنائی با چند غذای ایرانی

دستوری: فعل‌های ساده و مرکب / جمله تعجّبی

سفر به کانادا (۱)

بیژن و لیندا برای دیدن فامیل خود در تابستان به کانادا رفتند. در بین راه از چند شهر کوچک و بزرگ دیدن کردند و عکس‌های زیبائی گرفتند تا به دوستانشان نشان بدهند. چون راه دور بود با خود مقداری غذا و نوشیدنی بردند.

در کانادا، آنها به خانه‌ی مادر بزرگ بیژن، ثریّا خانم که در شهر تورنتو است رفتند. ثریّا خانم، زن بسیار مهمان نوازی بود. او برای آنها غذاهای خوشمزه‌ی ایرانی مثل آش رشته و چلوکباب درست کرد. آنها از غذاها خیلی خوششان آمد.

بعد ثریّا خانم به آنها شله زرد که یک دسر خوشمزه‌ی ایرانی است تعارف کرد. لیندا از مهمان نوازی ثریّا خانم خیلی تشکّر کرد و گفت: «چه غذاهای خوشمزه‌ای!»

ثریّا خانم جواب داد: «نوش جان!»

بیژن و لیندا بعد از خوردن غذا برای گردش به دیدن آبشار نیاگارا رفتند. روز بعد تولّد مادر بزرگ بیژن بود. آنها تولّد مادر بزرگ را جشن گرفتند و به او هدیه‌ی زیبائی دادند.

◁ **بشنوید و تکرار کنید:**

آن‌ها در این مسافرت عکس‌های زیبائی گرفتند.

چون راه دور بود، با خود مقداری غذا و نوشیدنی بردند.

ثریّا خانم به آن‌ها شله زرد تعارف کرد.

واژه‌های نو:

عکس / مادر بزرگ / شله زرد / آش رشته

چلوکباب / مهمان نوازی / کوچک / بزرگ

تابستان / مسافرت / تعارف / شهر / هدیه

آبشار / مثل / نوشیدنی / دور / تشکّر

بین / از / نشان بدهند / چون / راه / آن

پرسش از درس:

۱- اسم مادر بزرگ بیژن چیست؟

۲- ثریّا خانم به آن‌ها چه تعارف کرد؟

۳- بیژن و لیندا به کجا مسافرت کردند؟

۴- آن‌ها چرا می‌خواستند عکس بگیرند؟

۵- ثریّا خانم چه غذاهائی درست کرد؟

زبان گفتاری:

تا به دوستاشون نشون بدن. (زبان گفتاری) =

تا به دوستانشان نشان بدهند. (زبان نوشتاری)

تمرین ۱

✎ **درس را به زمان حال بنویسید.**

تمرین ۲

✎ **یکی از مسافرت‌های خود را شرح دهید.**

✎ **فارسی بنویسیم:**

ثریّا خانم برای آن‌ها آش رشته و چلوکباب درست کرد.

واژه نامه‌ی درس ۷

photograph .... عکس

grandmother .... مادر بزرگ

traditional Persian dessert .... شله زرد

Persian thick noodle soup .... آش رشته

kabab with rice .... چلوکباب

hospitality .... مهمان نوازی

small .... کوچک

big, large .... بزرگ

summer .... تابستان

travel, to take a trip .... مسافرت

city .... شهر

gift .... هدیه

waterfall .... آبشار

like, as .... مثل

far .... دور

on the way .... بین راه

from .... از

because .... چون

highway, road, direction .... راه

drink, soda .... نوشیدنی

they thanked .... تشکر کردند

to show .... نشان بدهند

some......................... مقداری

sightseeing .... گردش

next, after .... بعد

they celebrated .... جشن گرفتند

واژه‌های بیشتر مربوط به درس

stew .... خورش

whey .... کشک

herbal rice .... سبزی پلو

green beans rice .... لوبیا پلو

fava beans rice .... باقلا پلو

درس ۸

اهداف درس:

موضوعی: معرّفی اعضای خانواده

دستوری: حروف اضافه / فعل التزامی

مسافرت به کانادا در تابستان (۲)

لیندا: بیژن، چقدر خوشحالم که مرا برای دیدن خانواده‌ات دعوت کردی.

بیژن: لیندا، به خانه‌ی مادر بزرگ من خوش آمدی. امیدوارم به تو خوش بگذرد.

لیندا: آیا می‌توانم آلبوم خانوادگی شما را ببینم؟

بیژن: خواهش می‌کنم، با کمال میل، آن جا روی میز است. این آلبوم هدیه‌ی خواهرم است.

لیندا: این عکس کیست؟ و در کجا گرفته شده است؟

بیژن: این عکس عموی من است که دکتر است و در ونکوور زندگی می‌کند.

لیندا: این خانم کیست؟

بیژن: این خانم عمّه‌ی من است که معلّم است و با دختر و پسرش در اصفهان زندگی می‌کند.

لیندا: این خانم و آقا چه کسانی هستند؟

بیژن: آنها پدر بزرگ و مادر بزرگ من هستند که در جشن ازدواج برادرم کاوه می‌بینی.

لیندا: من از ازدواج برادرم عکسی ندارم.

بیژن: آه چه بد، متأسّفم، آن عکس دسته جمعی، از خاله‌ها و دائی‌های من است.

لیندا: این‌ها کی هستند؟

بیژن: آن‌ها دختر خاله‌ها و پسر دائی‌های من هستند. لیندا، آیا تو هم دختر خاله و پسر دائی داری؟

لیندا: بله، من پنج دختر خاله و شش پسر دائی دارم.

لیندا: بیژن، آیا مادر تو هم در این عکس هست؟

بیژن: نه، مادرم آن روز مریض بود.

مادر بزرگ: بیژن، در می‌زنند. ببین کیست؟

بیژن: سلام خانم اسدی، بفرمائید تو. به به! چه شله زردی! خیلی ممنونم.

خانم اسدی: خواهش می‌کنم، نوش جان.

مادر بزرگ: بیژن کی بود؟

بیژن: همسایه‌مان خانم اسدی بود که این شله زرد را آورد.

لیندا: بیژن، من همه‌ی عکس‌ها را دیدم. ثریّا خانم از مهمان نوازی شما متشکّرم.

📢 **بشنوید و تکرار کنید:**

امیدوارم به تو خوش بگذرد.

آیا می‌توانم آلبوم خانوادگی شما را ببینم؟

واژه‌های نو:

آلبوم / عمو / عمّه / خاله / دائی / دکتر / معلّم/ دسته جمعی / در

زدن / ازدواج / خوش گذشتن / خواهر / برادر / پدر بزرگ / خانواده

/ زندگی کردن / دختر / پسر / مرا

پرسش از درس:

۱- لیندا و بیژن چه دیدند؟

۲- عموی بیژن چه کار می‌کند و در کجا زندگی می‌کند؟

۳- عمّه‌ی بیژن چطور؟

۴- بیژن چند دختر خاله و پسر دائی دارد؟

۵- چرا مادر بیژن در عکس نبود؟

زبان گفتاری:

بیژن، در می‌زنن، ببین کیه! (زبان گفتاری) =

بیژن، در می‌زنند، ببین کیست! (زبان نوشتاری)

تمرین ۱

✏ جمله‌ها را کامل کنید:

۱- این عکس ــــــــــــــ من ــــــــــــــ .

۲- این خانم و آقا ــــــــــــ و ــــــــــــ من هستند؟

۳- من ــــــــــــ دختر خاله و ۶ پسر ــــــــــــ دارم.

۴- مادرم ــــــــــــ مریض ــــــــــــ بود.

۵- بیژن، چقدر ــــــــــ که مرا برای دیدن ــــــــــ دعوت ــــــــــ .

تمرین ۲

با استفاده از ضمیرهای زیر تغییرات لازم را بدهید.

من ۳ دختر خاله دارم.

تو ــــــــــــــــــــــــــــــــــ .

او ــــــــــــــــــــــــــــــــــ .

ما ــــــــــــــــــــــــــــــــــ .

شما ــــــــــــــــــــــــــــــــــ .

آنها / ایشان ــــــــــــــــــــــــــــــــــ .

تمرین ۳

✎ **فعل‌های زمان حال را در این درس پیدا کنید و آن‌ها را منفی کنید.**

✎ **فارسی بنویسیم:**

چقدر خوشحالم که مرا برای دیدن خانواده‌ات دعوت کردی.

واژه نامه‌ی درس ۸

آلبوم	album
عمو	uncle (paternal)
عمّه	aunt (paternal)
خاله	aunt (maternal)
دائی	uncle (maternal)
دکتر	doctor
معلّم	teacher
دسته جمعی	together
در زدن	to knock
ازدواج	wedding
خوش گذشتن	to have a good time
خواهر	sister
برادر	brother

grandfather .... پدربزرگ

family .... خانواده

lives .... زندگی می‌کند

daughter .... دختر

son .... پسر

me .... مرا

who .... چه کسی، کسانی

he/she brought .... آورد

I hope .... امیدوارم

واژه‌های بیشتر مربوط به درس

stepmother .... نامادری

wife .... زن

niece .... خواهرزاده

husband .... شوهر

spouse .... همسر

درس ۹

اهداف درس:

موضوعی: خرید بلیت از یک شرکت مسافرتی

دستوری: صفت و درجات آن، مضاف و مضاف الیه، صفت و موصوف،

کسره‌ی اضافه و طرز نوشتن آن

خرید بلیت از یک شرکت مسافرتی

لیندا: الو، شرکت مسافرتی ایرانشهر؟

کارمند: بله خانم چه فرمایشی دارید؟

لیندا: من یک بلیت هواپیما می‌خواهم.

کارمند: برای کجا؟

لیندا: برای تهران.

کارمند: چه موقعی می‌خواهید سفر کنید؟

لیندا: دو هفته دیگر ولی دنبال یک بلیت ارزان هستم.

کارمند: ارزان ترین بلیت ما برای روز جمعه است و قیمت آن هم ۸۵۰ دلار است. بلیت روزهای دیگر از روز جمعه گرانتر است.

لیندا: متأسّفانه جمعه برای من روز خوبی نیست پنجشنبه چطور است؟

کارمند: روز پنجشنبه جای خالی نداریم هواپیما پُر است.

لیندا: پس همان جمعه خوب است.

کارمند: روز جمعه دو پرواز به تهران داریم؛ صبح و عصر.

لیندا: پرواز صبح برای من بهتر است.

کارمند: پرواز صبح ساعت هشت حرکت می‌کند امّا شما بهتر است دو ساعت زودتر برای مراسم گمرکی آنجا باشید (در فرودگاه).

لیندا: هواپیما ساعت چند به تهران می‌رسد؟

کارمند: هواپیما ساعت ۱۰ شب به وقت محلّی به تهران می‌رسد، خانم
              مایل هستید در ایران از شهرهای تاریخی اصفهان یا شیراز دیدن
              کنید؟

لیندا: بله خیلی دلم می‌خواهد اصفهان را ببینم.

کارمند: بسیار خوب، ما می‌توانیم از همین جا ترتیب آن را بدهیم.

لیندا: پس لطفاً بلیت را برای من بفرستید و برنامه‌ی مسافرت را هم
              برایم فکس کنید.

بشنوید و تکرار کنید:

۱- پرواز صبح برای من بهتر است.

۲- ارزان ترین بلیت ما برای روز جمعه است.

واژه‌های نو:

شرکت / پرواز / گران / هواپیما / عصر / خالی / پُر / حرکت /
وقت / محلّی / تاریخی / قیمت /همان / مراسم / گمرکی / فرودگاه
/ کارمند/ ارزان / بلیت / هفته / جمعه / می رسد / چه فرمایشی /
دنبال / بفرستید / پنجشنبه

پرسش از درس:

۱- چرا لیندا به شرکت مسافرتی تلفن می‌کند؟

۲- لیندا می‌خواهد به کجا مسافرت کند؟

۳- برای لیندا روز پنجشنبه بهتر است یا جمعه؟

۴- لیندا ساعت چند به تهران می‌رسد؟

۵- لیندا دلش می‌خواهد چه شهری را ببیند؟

زبان گفتاری:

پس لطفاً بلیتو برام بفرستین. (زبان گفتاری) =
پس لطفاً بلیت را برایم بفرستید. (زبان نوشتاری)

تمرین ۱

◁» به سی‌دی گوش کنید و برای بازی نقش لیندا و کارمند آماده شوید.

تمرین ۲

✎ **با این واژه‌ها صفت برتر و برترین درست کنید و در جمله به کار ببرید.**

خوب / بد / زیبا / زشت / بلند / کوتاه

✎ **فارسی بنویسیم:**

ساعت ۱۰ شب به وقت محلّی به تهران می‌رسد.

واژه نامه‌ی درس ۹

company, firm	شرکت
flight	پرواز
expensive	گران
airplane	هواپیما
afternoon	عصر
empty	خالی
full	پر
to move, to leave	حرکت
time	وقت
local	محلّی
airport	فرودگاه
historical	تاریخی
to arrange	ترتیب دادن
customs	مراسم گمرکی
Thursday	پنجشنبه
Friday	جمعه
unfortunately	متأسّفانه
employee	کارمند

how may I help you? .... چه فرمایشی دارید؟

cost, price .... قیمت

program, schedule,timetable .... برنامه

you send .... بفرستید

from here .... ازهمین جا

arrives .... می رسد

cheap, inexpensive .... ارزان

واژه‌های بیشتر مربوط به درس

Yazd .... یزد

Tabriz .... تبریز

Ramsar .... رامسر

Kashan .... کاشان

Mashhad .... مشهد

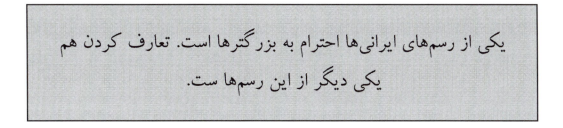

یکی از رسم‌های ایرانی‌ها احترام به بزرگ‌ترها است. تعارف کردن هم
یکی دیگر از این رسم‌ها ست.

درس ۱۰

اهداف درس:

موضوعی: گفتگوی تلفنی برای وقت گرفتن از دکتر

دستوری: اعداد اصلی / فاعل و مفعول

وقت گرفتن از دکتر

کاوه: سلام، مطّب دکتر نادری؟

منشی دکتر: بله بفرمائید، کرمانی هستم.

کاوه: ممکن است برای فردا وقتی به من بدهید؟

منشی: متأسّفانه دکتر فردا کار نمی کند.

کاوه: دوشنبه‌ی هفته آینده چطور است؟

منشی: نخیر، دکتر فقط سه شنبه‌ها و چهارشنبه‌ها کار می کند.

کاوه: چهارشنبه بعد از ظهر، ساعت سه و نیم چطور است؟

منشی: پس لطفاً سر ساعت سه و نیم اینجا باشید چون دکتر ساعت

چهار و ربع به بیمارستان می‌رود.

کاوه: بسیار خوب، ممکن است آدرس مطب دکتر را به من بدهید؟

منشی: شما از کجا می‌آئید؟

کاوه: از ویرجینیا می‌آیم.

منشی: شصت و پنج (۶۵) غربی را بگیرید و به خروجی شماره ۲۰ که

رسیدید خارج شوید.

کاوه: خانم کرمانی به طرف شمال بروم یا جنوب؟

منشی: به طرف شمال. بعد از چراغ دوّم، به سمت چپ بپیچید مطب

دکتر در چهار راه «دموکراسی» و «فورت مایر» است. شماره‌ی

ساختمان ۳۲ و مطب دکتر در طبقه‌ی دوّم شرقی شماره ۱۴۵ است.

کاوه: می‌توانم بپرسم ویزیت دکتر چقدر است؟

منشی: بله، ویزیت دکتر ۱۰۰ دلار است.

کاوه: آیا دکتر بیماران بیمه را قبول می‌کند؟

منشی: بله، شما چه بیمه‌ای دارید؟

کاوه: بیمه‌ی من کایزر است.

منشی: بله، ما بیمه‌ی کایزر را قبول می‌کنیم.

کاوه: بسیار خوب، پس چهارشنبه شما را می‌بینم.

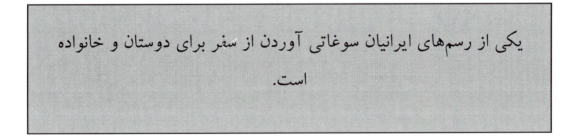

یکی از رسم‌های ایرانیان سوغاتی آوردن از سفر برای دوستان و خانواده است.

◁ بشنوید و تکرار کنید:

۱- ممکن است برای فردا وقتی به من بدهید.

۲- مطب دکتر در چهار راه «دموکراسی و فورت مایر» است.

واژه‌های نو:

وقت گرفتن / سه شنبه / چهارشنبه / دوشنبه / بیمارستان / مطب / خروجی / غرب / شمال / جنوب / چهار راه / طبقه / چراغ / آدرس / شرق / ساختمان / بیمار / بیمه / دست چپ / دست راست / قبول کردن / پانزده / سه و نیم / پیچیدن

پرسش از درس:

۱- کاوه به چه کسی تلفن می‌کند؟

۲- او برای چه به خانم کرمانی تلفن می‌کند؟

۳- قرار ملاقات او با دکتر برای چه روزی است؟

۴- آیا کاوه سه شنبه ساعت ۵ با دکتر قرار دارد؟

۵- دکتر ساعت چهار و پانزده دقیقه‌ی هر چهارشنبه به کجا می‌رود؟

تمرین ۱

✎ **این شماره‌ها را با هم جمع کنید:**

۵۹ + ۱۰ =	۸۷ + ۸ =	۳۷ + ۳۶ =
۸۲ + ۱۲ =	۲۴ + ۱۴ =	۹ + ۱۵ =

تمرین ۲

✎ **جاهای خالی را با واژه‌های مناسب پر کنید.**

۱- ممکن است ________ فردا ________ از ________ وقت بگیرم؟

۲- دکتر ________ سه شنبه و ________ کار می‌کند.

۳- دوشنبه هفته ________ ساعت ۳ و ۳۰ چطور ________؟

۴- بهتر است ________ ساعت ۳ و ۳۰ ________ باشید.

۵- آیا دکتر ________ بیمه را قبول ________؟

تمرین ۳

✎ با این واژه‌ها جمله درست کنید:

فردا / سه شنبه / چهارشنبه / بیمارستان

بعد از ظهر / دوشنبه / هفته آینده / آدرس

✎ فارسی بنویسیم:

پس بهتر است سر ساعت سه و نیم اینجا باشید.

شما کجا زندگی می‌کنید؟

زبان گفتاری:

متأسّفانه دکتر فردا کار نمی‌کنه. (زبان گفتاری) =

متأسّفانه دکتر فردا کار نمی‌کند. (زبان نوشتاری)

این شماره‌ها را تکرار کنید.

۱۰۰	۹۰	۸۰	۷۰	۶۰	۵۰	۴۰	۳۰	۲۰	۱۰

واژه نامه‌ی درس ۱۰

tomorrow	فردا
Tuesday	سه شنبه
Wednesday	چهارشنبه
hospital	بیمارستان
afternoon	بعد از ظهر
Monday	دوشنبه
address	آدرس
doctor's office	مطب
give an appointment	وقت بدهید
secretary	منشی
it is possible	ممکن است
how	چطور
on time	سر ساعت
exit	خارج شوید
north	شمال
south	جنوب
east	شرق
west	غرب

charge (for doctor's office visit)..................................ویزیت دکتر

insurance...بیمه

we accept...قبول میکنیم

half ....نیم

to turn..پیچیدن

واژه‌های بیشتر مربوط به درس

patient..بیمار

yesterday...دیروز

day before yesterday...پریروز

this year ....امسال

today..امروز

درس ۱۱

اهداف درس:

موضوعی: گفتگوی بیمار و دکتر

دستوری: افعال لازم و متعدّی

در مطب دکتر

کاوه: سلام خانم کرمانی.

منشی: سلام آقای گنجوی. حال شما چطور است؟

کاوه: چند روز است که حالم خوب نیست.

منشی: خدا بد ندهد! چند دقیقه صبر کنید تا به دکتر خبر بدهم.

دکتر: سلام آقای گنجوی. چه ناراحتی ای دارید؟

کاوه: چند روز است که گوش درد دارم و سرم هم درد می‌کند.

دکتر: گلو درد چطور؟

کاوه: خیلی کم.

دکتر: تب داری؟

کاوه: امروز تب ندارم اما در چند روز گذشته کمی تب داشتم.

دکتر: پس لازم است که این آزمایش‌ها را انجام بدهی ولی تا رسیدن جواب آنها، برایت چند قرص مسکّن و یک قطره می‌نویسم.

کاوه: امیدوارم با این قرص‌ها حالم بهتر بشود و بتوانم به کلاس بروم.

دکتر: مطمئن هستم که چیز مهمّی نیست و حالت زود خوب می‌شود. نگران نباش. از خانم کرمانی برای چند روز دیگر وقت بگیر تا دوباره تو را ببینم.

کاوه: پس آزمایش‌ها را انجام می‌دهم و هفته‌ی دیگر خدمتتان می‌رسم.

دکتر: خوب تا هفته‌ی بعد، خدا نگهدار.

◁ بشنوید و تکرار کنید:

هفته‌ی آینده خدمتتان می‌رسم. خدا بد ندهد.

واژه‌های نو:

قرص مسکّن / گوش / سر / گلو / حال / درد / ناراحتی / دوباره / دستور آزمایش / تب / قطره /جواب / نوشتن / دقیقه / صبر / خبر / سرماخوردگی / نگران / چطور / انجام می‌دهم / دیگر / بعد / شاید / گذشته

پرسش از درس:

۱- چرا کاوه به مطب دکتر رفت؟

۲- او چه ناراحتی ای داشت؟

۳- دکتر چه دستوری به کاوه داد؟

۴- آیا کاوه تب هم داشت؟

۵- کاوه برای کِی قرار ملاقات گرفت؟

زبان گفتاری:

امیدوارم با این قرصا حالم بهتر بشه و بتونم به کلاس برم. (زبان گفتاری) =

امیدوارم با این قرص‌ها حالم بهتر بشود و بتوانم به کلاس بروم. (زبان نوشتاری)

تمرین ۱

جمله‌های زیر را مرتّب کنید:

۱- دارید / درد / گلو / هم / شما / آیا؟

۲- چند / است / روز / ندارم / که / حال

۳- دارم / شدید / سر درد / بعضی وقت‌ها

۴- برایت / قرص مسکّن / چند / یک / می‌نویسم

قطره / و

۵- مطمئن هستم / نیست / که / چیز مهمّی

تمرین ۲

با توجّه به قرار گرفتن عقربه‌ها ساعت را تعیین کنید:

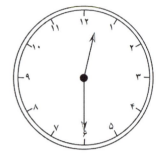

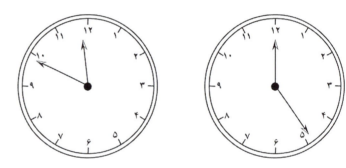

✎ **فارسی بنویسیم:**

حالت زود خوب می‌شود نگران نباش.

هفته دیگر خدمتتان می‌رسم.

واژه نامه‌ی درس ۱۱

medical office... مطّب

pain-killer (medicine) .... قرص مسکّن

ear .... گوش

head... سر

throat... گلو

feeling .... حال

pain .... درد

discomfort... ناراحتی

again.. دوباره

dialogue, conversation.................................... گفتگو

I don't feel well .... حالم خوب نیست

I feel well.. حالم خوب است

I hope it is nothing serious .... خدا بد ندهد؟

minute .... دقیقه

please wait, hold on .... صبر کنید

I will inform, I will let someone know............ خبر بدهم

what is bothering you?.................. چه ناراحتی دارید؟

very little, a little .... خیلی کم

fever..تب

test result..جواب آزمایش

drop...قطره

I write...می نویسم

I'm sure, I'm certain ....مطمئن هستم

important..مهّم

don't worry ....نگران نباش

to visit..خدمت رسیدن

good-bye...خدا نگهدار

to make an appointment ....وقت گرفتن

واژه‌های بیشتر مربوط به درس

hand...دست

foot ....پا

eye ....چشم

mouth ....دهان، دهن

face ....صورت

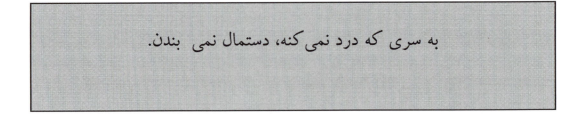

به سری که درد نمی کنه، دستمال نمی بندن.

درس ۱۲

اهداف درس:

موضوعی: سفر لیندا به انگلستان

دستوری: جمله ساده و مرکّب، حروف ربط، قید

سفر لیندا به انگلستان

بیژن: لیندا تو کی به انگلستان می‌روی؟

لیندا: من ماه آینده به انگلستان می‌روم.

بیژن: چه مدّت آن جا می‌مانی؟

لیندا: یا یک سال یا دو سال.

بیژن: برای گردش می‌روی یا تحصیل؟

لیندا: برای هر دو، اوّل از لندن و چند شهر دیگر دیدن می‌کنم و بعد به آکسفورد می‌روم.

بیژن: برای چه به آکسفورد می‌روی؟ آیا می‌خواهی در دانشگاه آکسفورد درس بخوانی؟

لیندا: بله درست فهمیدی.

بیژن: در دانشگاه آکسفورد چه رشته‌ای می‌خوانی؟

لیندا: دوست دارم جامعه شناسی یا روانشناسی بخوانم.

بیژن: آیا اسم نویسی کرده‌ای؟

لیندا: هنوز نه، ولی امیدوارم به زودی این کار را بکنم.

بیژن: پس هم فال است و هم تماشا. راستی با چه وسیله‌ای مسافرت می کنی؟

لیندا: اوّل با هواپیما به لندن می‌روم، بعد با اتوبوس یا قطار از چند شهر در داخل انگلستان دیدن می کنم و بعد از آن به آکسفورد می‌روم.

بیژن: سفر بسیار خوبی در پیش داری، خوش به حالت!

لیندا: من خودم هم خیلی خوشحالم و برای این سفر روز شماری می کنم.

بشنوید و تکرار کنید:

۱- من خودم هم برای این سفر روز شماری می کنم.

۲- پس هم فال است و هم تماشا.

واژه‌های نو:

قطار / اتوبوس / تحصیل / آینده / وسیله / گردش / جامعه شناسی / درس بخوانی / اسم نویسی / بزودی / هنوز / داخل / روانشناسی / فهمیدی / درست / رشته / ماه / مدّت / می‌مانی / راستی / پیش / ولی / امیدوارم

چند اصطلاح در زبان فارسی:

خوش به حالت! / هم فال است و هم تماشا

پرسش از درس:

۱- لیندا کی به مسافرت می‌رود؟

۲- او به کجا سفر می‌کند؟

۳- این سفر برای گردش است یا تحصیل؟

۴- لیندا چرا به شهر آکسفورد می‌رود؟

۵- لیندا می‌خواهد در چه دانشگاهی تحصیل کند؟

زبان گفتاری:

برای گردش می‌ری یا تحصیل؟ چه مدت اونجا می‌مونی؟ (زبان گفتاری) =

برای گردش می‌روی یا تحصیل؟ چه مدت آنجا می‌مانی؟ (زبان نوشتاری)

تمرین ۱

با این کلمه‌ها، جمله بسازید.

قطار / اتوبوس / خوش به حالت / چه خوب / روز شماری / مسافرت

تمرین ۲

🖉 **جمله‌های زیر را با فعل‌های داخل پارانتز کامل کنید:**

۱- من سال آینده به لندن ــــــــــــــــــــــــــــــ . (رفتن)

۲- دوستم در دانشگاه آکسفورد ــــــــــــــــــــــــــــــ . (تحصیل کردن)

۳- یکی از دوستان مرا به شهرهای دیگر _____ . (بُردن)

۴- لیندا سال آینده به انگلستان _____ . (رفتن)

۵- چرا این سفر هم فال و هم تماشا _____ ؟ (بودن)

✎ **فارسی بنویسیم:**

تو سفر خوب و جالبی در پیش داری.

واژه نامه‌ی درس ۱۲

تحصیل	education, study
وسیله	means
جامعه شناسی	sociology
درس بخوانی	study
اسم نویسی	registration
بزودی	soon
هنوز	yet
داخل	inside
روانشناسی	psychology
فهمیدی	did you understand
درست	right, correct

رشته .... field of study

ماه .... month

چه مدّت .... how long

می مانی .... you stay

راستی .... by the way

در پیش .... in front, ahead

ولی .... but

هر دو .... both

خوش بحالت .... good for you!

روزشماری میکنم .... I am counting the days

واژه‌های بیشتر مربوط به درس

باستان شناسی .... archeology

ایران شناسی .... Iranian studies

شرق شناسی .... Orientalism

هواشناسی .... meteorology

زمین شناسی .... geology

درس ۱۳

اهداف درس:

موضوعی: معرّفی یک شهر تاریخی ایران

دستوری: فعلهای غیر شخصی، ضمیر مشترک «خود»

شهر تاریخی اصفهان

اصفهان یکی از شهرهای تاریخی ایران است. شاه عباس صفوی این شهر را در سال ۱۵۹۷ پایتخت خود قرار داد. اصفهان در مرکز ایران قرار دارد. جمعیّت اصفهان بر اساس سرشماری سال ۲۰۰۵ در حدود یک میلیون و چهارصد هزار نفر است. اصفهان در حدود ۱۶۰۰ متر از سطح دریا بلندتر است و در دامنه‌ی کوههای زاگرس قرار دارد.

از دیدنی‌های این شهر، مسجدهای کوچک و بزرگ با گنبدهای آبی زیبا است. سی و سه پل که بر روی رودخانه‌ی زاینده رود است، زیبائی مخصوص خود را دارد. اصفهان پارکها و باغهای زیبائی دارد. مردم سراسر دنیا دوست دارند از این شهر تاریخی دیدن کنند.

اصفهانی‌ها زبان فارسی را با لهجه‌ی شیرینی صحبت می کنند. نقره کاری و فرش بافی از هنرهای دستی مردم این شهر است. گز اصفهان هم شیرینی خوشمزه و معروف این شهر است. در قدیم به اصفهان نصف جهان می گفتند.

◄ بشنوید و تکرار کنید:

در قدیم به شهر اصفهان نصف جهان می‌گفتند.

واژه‌های نو:

قرار دارد / گنبد / معروف / نصف جهان

نقره‌کاری / فرش بافی / دنیا / گز

هنرهای دستی / مرکز / پارک / جمعیّت

حدود / دامنه / کوه / سطح / دریا

پرسش از درس:

۱- شهر اصفهان در کجا قرار دارد؟

۲- دیدنی‌های اصفهان کدامند؟

۳- رودخانه‌ی معروف اصفهان کدام است؟

۴- شیرینی مخصوص اصفهان چیست؟

۵- هنرهای دستی اصفهان چیست؟

زبان گفتاری:

اصفهان در مرکز ایران قرار داره و جمعیت اون یه ملیون و چهارصد هزار نفره. (زبان گفتاری) =

اصفهان در مرکز ایران قرار دارد و جمعیّت آن یک میلیون و چهارصد هزار نفر است. (زبان نوشتاری)

تمرین ۱

دیدنی‌های معروف اصفهان و هنرهای دستی آن را نام ببرید.

تمرین ۲

✎ شهر خود را با توجّه به درس اصفهان در چند جمله بنویسید.

تمرین ۳

✎ درس را یک بار بنویسید.

واژه نامه‌ی درس ۱۳

is located .... قرار دارد

dome .... گنبد

famous .... معروف

half of the world .... نصف جهان

silver work .... نقره کاری

carpet weaving .... فرش بافی

world .... دنیا

candy from Isfahan .... گز

handicraft .... هنرهای دستی

center .... مرکز

park .... پارک

population .... جمعیّت

around, about, ... حدود

foot of the mountain .... دامنه‌ی کوه

mountain .... کوه

level .... سطح

sea .... دریا

capital .... پایتخت

according to .... بر اساس

census .... سرشماری

higher .... بلندتر

blue .... آبی

river .... رودخانه

special, unique .... مخصوص

garden .... باغ

all over .... سراسر

accent, dialect .... لهجه

ancient .... قدیم

واژه‌های بیشتر مربوط به درس

inlaying .... خاتم کاری

tiling .... کاشی کاری

Royal Mosque (historical monument) .... مسجد شاه

Forty Columns Palace (historical monument) .... چهل ستون

Swinging Minarets (monument) .... منار جنبان

اگر بجای دوست به بیگانه محبت کنی، می‌گویند:
«چراغی که به خانه رواست، به مسجد حرام است.»

درس ۱۴

اهداف درس:

موضوعی: نوروز سال نو ایرانی

دستوری: اعداد ترتیبی، زمان گذشته،

ماضی نقلی (حال کامل)

مراسم عید نوروز

سال نو ایرانیان با بهار شروع می‌شود. فروردین اوّلین ماه سال است. آخرین چهارشنبه‌ی سال، چهارشنبه سوری است. ایرانیان شب چهارشنبه سوری از روی آتش می‌پرند و «سرخی تو از من، زردی من از تو» می‌گویند. آجیل و شیرینی و میوه می‌خورند.

ایرانیان قبل از رسیدن سال نو خانه تکانی می‌کنند و سفره‌ی هفت سین می‌چینند. چیدن سفره‌ی هفت سین و سبز کردن سبزه از قشنگ ترین رسم‌های نوروزی است. در این سفره سماق، سبزه، سمنو، سنبل، سنجد، سیر و سکّه می‌گذارند. ماهی قرمز، آینه و شمع سفره را زیبا می‌کند.

روز اوّل بهار، روز عید ایرانیان است و نام این عید، نوروز است. مدرسه‌ها و دانشگاه‌ها در ایران برای برگزاری عید ۱۳ روز تعطیل است.

در روز عید، ایرانیان لباس‌های نو می‌پوشند، بزرگترها به کوچکترها عیدی می‌دهند و به دیدن فامیل و دوستان خود می‌روند. در این روز همه به هم « عید شما مبارک » می‌گویند.

مراسم عید با سیزده بدر تمام می‌شود. روز سیزده‌ی فروردین، ایرانیان با فامیل و دوستان خود به باغ‌ها و پارک‌ها می‌روند و به آهنگ‌های شاد ایرانی گوش

می‌دهند و غذاهائی را که قبلا آماده کرده‌اند، نوش جان می‌کنند. دخترهای جوان به امید ازدواج سبزه گره می‌زنند و سبزه‌ی سفره‌ی هفت سین خود را به آب می‌اندازند.

◁ **بشنوید و تکرار کنید.**

عید شما مبارک! – سرخی تو از من، زردی من از تو

واژه‌های نو:

عید نوروز / چهارشنبه سوری / آتش / می‌پرند / آجیل / خانه تکانی / سفره / هفت سین / سماق / سبزه / سمنو / سنبل / سنجد / سیر / سکّه / ماهی / آینه / می‌اندازند / امید / جوان / سرخی / زردی / بهار / آخرین / گره می‌زنند

پرسش از درس:

۱- چهارشنبه آخر سال در ایران چه نام دارد؟

۲- در آن روز مردم ایران چه می‌کنند؟

۳- سفره‌ی هفت سین از چه چیزهایی درست شده؟

۴- چرا اسم این سفره هفت سین است؟

۵- روز سیزده فروردین ایرانی‌ها به کجا می‌روند و چه می‌کنند؟

زبان گفتاری:

سال نو ایرونیا با بهار شرو میشه (زبان گفتاری) =

سال نو ایرانیها با بهار شروع می‌شود. (زبان نوشتاری)

تمرین ۱

✎ این درس را به زبان گفتاری بنویسید.

تمرین ۲

✎ در چند جمله مراسم سال نو خود را شرح دهید.

واژه نامه‌ی درس ۱۴

عید نوروز	Nowruz, Iranian new year
چهارشنبه سوری	last Wednesday of the year
آتش	fire
می پرند	they jump
آجیل	mixed nuts, gorp
خانه تکانی	house cleaning
سفره	tablecloth
هفت سین	seven "esses"

sumac (spice) .... سماق

to sprout .... سبز کردن

green sprouts .... سبزه

wheat pudding .... سمنو

hyacinth .... سنبل

dry fruit of Lotus tree .... سنجد

garlic .... سیر

coin .... سکّه

fish .... ماهی

mirror .... آینه

they throw .... می اندازند

hope .... امید

young .... جوان

redness .... سرخی

yellowness .... زردی

spring .... بهار

last .... آخرین

they tie a knot .... گره می‌زنند

ceremonies .... مراسم

starts, begins .... شروع می‌شود

pastry, sweet..شیرینی

to set up ....چیدن

closed, holiday ....تعطیل

clothes ....لباس

gift..عیدی

It finishes, ends...تمام می‌شود

song ....آهنگ

before, ahead of time ....قبلا

to prepare...آماده کردن

girl...دختر

واژه‌های بیشتر مربوط به درس

season ....فصل

summer ....تابستان

autumn, fall... پائیز

winter...زمستان

the longest night of the year.................................شب یلدا
(the winter solstice)

درس ۱۵

....

اهداف درس:

موضوعی: آشنایی با شعر فارسی

دستوری: ترتیب اجزاء جمله و عدم رعایت آن در شعر

مادرم مثل گل شد

می‌رسد بوی نوروز

آسمان بی‌قرار است

یک پرستو خبر داد

باز فصل بهار است

ابر آمد ز دریا

در دلش شعر باران

و نسیم آمد از کوه

هدیه‌ای از بهاران

باغچه سبز شد، سبز

خاک خندید، خندید

در هوای بهاری

سبزه از خاک روئید

مادرم نُقل آورد

شمع را کرد روشن

زد گلی سرخ و زیبا

روی پیراهن من

مادرم هفت سین را

پیش هم یک به یک چید

مادرم مثل گل شد

بر سر سفره‌ی عید

جعفر ابراهیمی (شاهد)

🔊 **بشنوید و تکرار کنید:**

می رسد بوی نوروز / آسمان بی‌قرار است

واژه‌های نو:

بو / آسمان / بیقرار / پرستو / ابر / دریا / شعر / باران / نسیم

باغچه / خاک / خندید / رویید / نُقل / روشن / گل / پیراهن

/ چید / کرد / آمد / داد / آورد / یک به یک / شد

پرسش از درس:

۱- شاعر چه چیزهائی را هدیه‌های بهاری می‌داند؟

۲- چرا آسمان بی‌قرار است؟

۳- در دل ابر چیست؟

۴- باغچه و خاک چه می‌کنند؟

۵- مادر چه کارهائی کرد؟

تمرین ۱

✎ این شعر را در چند خط به زبان ساده بنویسید.

تمرین ۲

✎ فعل‌های این درس را به زمان حال تبدیل کنید.

زبان گفتاری:

مادرم مث گل شد. (زبان گفتاری) =

مادرم مثل گل شد. (زبان نوشتاری)

واژه نامه‌ی درس ۱۵

smell, odor	بو
sky	آسمان
restless	بیقرار
swallow	پرستو
cloud	ابر
poem	شعر
rain	باران
breeze	نسیم
small garden	باغچه

soil...خاک

smiled ....خندید

grew...روئید

Persian candy...نقل

lit.........................کرد روشن = روشن کرد

flower...گل

dress...پیراهن

he/she set...چید

one by one...یک به یک

heart..دل

poet...شاعر

واژه‌های بیشتر مربوط به درس

wind ....باد

hurricane..طوفان

flood...سیل

earthquake...زلزله

volcano...آتشفشان

خود را بیازمائید (۲)

۱- ✎ با استفاده از درس هفت تا درس پانزده برای اسم‌های زیر چند صفت پیدا کنید و با آن جمله بسازید.

خانه – استاد – دانشگاه – دوست – پیراهن

۲- ✎ جمله‌های زیر را منفی کنید:

۱- اسم عمّه‌ی بیژن ثریّا است.

۲- استاد فارسی ما دیروز به کلاس آمد.

۳- بیژن مداد رنگی خرید.

۴- من امروز ساعت یک غذا می‌خورم.

۵- مادر من هفته‌ی آینده به ایران می‌رود.

۳- ✎ جشن تولّد سیما را در چند جمله ساده بنویسید.

۴- ✎ صفت‌های زیر را به صورت تفصیلی و عالی در جمله به کار ببرید:

بزرگ / زیبا / خوب / مهربان / کوچک / خوشمزه / دیدنی / سرد / گرم

۵- 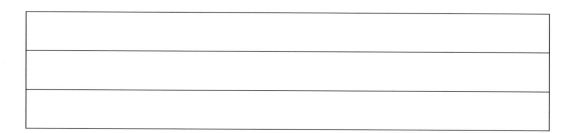 جمله‌های زیر را در داخل کادر بنویسید.

۱- همه جای ایران سرای من است.

۲- نامبرده رنج گنج میسّر نمی‌شود.

۳- می‌کوش به هر ورق که خوانی.

پیوست‌ها Appendixes

دستور زبان Grammar

صرف کردن بعضی از فعل‌ها در زمانهای مختلف

ریشه (بن) حال فعل‌های بی‌قاعده در زبان فارسی

واژه نامه‌ی دستوری

الفبای زبان فارسی

صدا	اسم	شکل بزرگ	پایانی	میانی	آغازی
a	الف	ا	ـا	ـا	ا
b	ب	ب	ـب	ـبـ	بـ
p	پ	پ	ـپ	ـپـ	پـ
t	ت	ت	ـت	ـتـ	تـ
s	ث	ث	ـث	ـثـ	ثـ
j	جیم	ج	ـج	ـجـ	جـ
ch	چ	چ	ـچ	ـچـ	چـ
h	ح	ح	ـح	ـحـ	حـ
kh	خ	خ	ـخ	ـخـ	خـ
d	دال	د	ـد	ـد	د
z	ذال	ذ	ـذ	ـذ	ذ
r	را	ر	ـر	ـر	ر
z	زا	ز	ـز	ـز	ز
zh	ژ	ژ	ـژ	ـژ	ژ
s	سین	س	ـس	ـسـ	سـ
sh	شین	ش	ـش	ـشـ	شـ
s	صاد	ص	ـص	ـصـ	صـ

z	ضاد	ض	ـض	ـضـ	ضـ
t	طا	ط	ـط	ـطـ	طـ
z	ظا	ظ	ـظ	ـظـ	ظـ
ʼ	عین	ع	ـع	ـعـ	عـ
q	غین	غ	ـغ	ـغـ	غـ
f	ف	ف	ـف	ـفـ	فـ
q	قاف	ق	ـق	ـقـ	قـ
k	کاف	ک	ـک	ـکـ	کـ
g	گاف	گ	ـگ	ـگـ	گـ
l	لام	ل	ـل	ـلـ	لـ
m	میم	م	ـم	ـمـ	مـ
n	نون	ن	ـن	ـنـ	نـ
v	واو	و	ـو	ـو	و
h	ه	ه	ـه	ـهـ	هـ
y	ی	ی	ـی	ـیـ	یـ

چند نکته‌ی مهمّ در مورد الفبا:

الفبای زبان فارسی شامل ۳۲ حرف است که ۲۸ تای آن با الفبای عربی مشترک است و ایرانیان ۴ حرف: «پ»، «چ»، «ژ» و «گ»را به آن افزوده‌اند.

الفبای فارسی از راست به چپ نوشته می‌شود.

در زبان فارسی چند حرف است که تلفّظ یکسان دارند ولی در نوشتن صورتهای مختلف:

ت، ط (که هر دو تلفّظ یکسان دارند) مثل: تو، تاب، طول و طلا.

ث، س، ص (که هر سه تلفّظ یکسان دارند) مثل: ثریّا، ثَواب، سیر، سرکه، صورت و صدا.

ز، ذ، ض، ظ (که هر چهار تلفّظ یکسان دارند) مثل: زود، زیر، ذلیل، غذا، مریض، ضرورت، غلیظ و لفظ.

ق، غ (که هردو تلفّظ یکسان دارند) مثل: قند، قاب، غذا و باغ.

ح، ه (که هردو تلفّظ یکسان دارند) مثل: حلیم، حلوا، هوا و هوش.

ء، ع (که هردو در ابتدای کلمه تلفّظ یکسان دارند) أکبر، أختر، عَلی، عِبری (همزه در ابتدای کلمه حذف میشود و دو مثال اوّل را بصورت اکبر و اختر یعنی بدون «ء» روی الف می‌نویسیم ولی «ع» در ابتدا حتماً نوشته می‌شود مثل «عبری».)

در الفبای فارسی نقطه وجود دارد و با تغییر تعداد نقطه‌ها و بالا و پایین بودنشان، حرفهای گوناگون بوجود می‌آیند.

مثال:

ب / پ / ت / ث / ج / چ / ح / خ

بیشتر حروف فارسی، به استثنای چند حرف، از دو طرف به حرف قبل و بعد از خود می‌پیوندند و در نتیجه شکل آنها اندکی تغییر می‌کند. (رجوع کنید به جدول الفبا در صفحه ۱۲۷) مثال:

ج	←	جارو	جَمع	پَنجره
ی	←	یِک	کیان	کیانی
ن	←	نان	نانوا	مَتن

در الفبای فارسی هفت حرف وجود دارند که هیچوقت به حرف بعد از خود نمی‌پیوندند. آنها از این قرارند:

د ذ ر ز ژ و ا

مثال:

آماده، رودخانه

کاغذی، لذّت

دیروز، دوربین

واژه، کژدم

دیوار، داود

سیمان، داروخانه

واکه‌های (مصوّت‌های) زبان فارسی ۶ تا است: ۳ واکه‌ی کوتاه و ۳ واکه‌ی بلند. واکه‌های کوتاه تلفّظ می‌شوند ولی نوشته نمی‌شوند و برای کمک به تلفّظ درست می‌توان علامتهای آنها را روی حرفها گذاشت. واکه‌های کوتاه عبارتند از: ـَـ، ـِـ و ـُـ.

مثال: سَمنو / سِنجد / سُماق.

واکه‌های بلند هم تلفّظ می‌شوند و هم نوشته و برای نوشتن آنها از سه حرف «ا»، «و»، «ی» استفاده می‌کنیم. بنا بر این اگر این سه حرف خود واکه‌ای داشته باشند، صامت هستند و در غیر اینصورت بجای واکه (مصوّت) بکار برده میشوند.

مثال: برای صامت

یَخ: در اینجا « یـ » واکه‌ی « ـَـ » دارد و بنا براین صامت است.

وَسط: در اینجا «و» واکه‌ی « ـَـ » دارد و بنا براین صامت است.

اِسم: در اینجا «ا» واکه‌ی « ـِـ » دارد و بنا براین صامت است.

جدولی از واکه‌های بلند:

واکه و مکان آن					
واکه	آغازی	میانی	پایانی	صدا	مثال
ا	آ	ـا	ـا	-ā-	آب، باد، زیبا
و	او	ـو	ـو	-ū-	او، مور، مو
ی	ایـ	ـیـ	ـی	-i-	این، بید، آبی

علاوه بر این ۶ مصوّت کوتاه و بلند، زبان فارسی ۲ مصوّت مرکّب نیز دارد. در واقع مصوّت مرکّب، مصوّتی است که از ترکیب دو مصوّت بدست می‌آید. آن دو مصوّت عبارتند از:

"ow" در کلمه‌هائی مثل: اوُج، نوُروز، روُشن و "ey" در مِی، رِی، مِیدان، اِیوان

چند نکته‌ی دیگر در باره‌ی الفبا:

تشدید: هرگاه حرفی در واژه‌ای دوبار تکرار شود، بجای دو بار نوشتن آن حرف، روی حرف مشدّد این علامت را (ـّـ) می‌گذاریم و آن «تشدید» نامیده می‌شود. مثال:

نج	+	جار	←	نجّار
کف	+	فاش	←	کفّاش
معل	+	لم	←	معلّم

« ء »: این علامت «همزه» نام دارد و آوائی شبیه «ع» دارد. این آوا اگر در اوّل واژه بیاید، روی حرف الف « ا » می‌نشیند. مثال: أکبر، أختر و اگر در میان کلمه بیاید روی « ا، و، ـیـ » می‌نشیند. مثال: رأس، متأسّفم، مؤمِن.

درباره‌ی «همزه» در کتاب دوّم مفصّل‌تر صحبت می‌کنیم.

تنوین: در آخر بعضی از واژه‌های عربی که در تلفّظ به ـَن تمام می‌شوند، در نوشتن یک «ا» که روی آن این علامت را (ً) می‌گذاریم، آورده می‌شود، این علامت تنوین نام دارد. مثال:

فعلا   ←   فعلن

ثانیاً   ←   ثانین

عجالتاً   ←   عجالتن

واو بی‌صدا (معدوله): واوی است که نوشته می‌شود ولی خوانده نمی‌شود؛ این واو همیشه بعد از حرف «خ» می‌آید. مثال:

خواهر، خواب، خوار، خواندن

نمونه‌هائی از پیوستن حرف‌ها برای نوشتن واژه‌ها:

د + ا + ن + ش + جـ + و   =   دانشجو

ن + گـ + ا + هـ + کـ + ر + د + ن   =   نگاه کردن

ا + یـ + ر + ا + نـ + ی   =   ایرانی

ن + گـ + هـ + ـد + ا + ر + ی   =   نگهداری

دستور زبان درس ۱

ساختمان جمله در زبان فارسی

ساختمان جمله در زبان فارسی بر چند نوع است. یکی از آنها با فعل ربطی «است» ساخته میشود.

ساختمان جمله در زبان فارسی با فعل ربطی «است»

فاعل +	**مسند** +	**فعل ربطی**
او	دانشجو	است
فاعل	مسند	فعل ربطی
خانه	بزرگ	است.
فاعل	مسند	فعل ربطی
اسم او	بیژن	است.
فاعل	مسند	فعل ربطی

در فارسی امروزه فقط سوّم شخص مفرد از فعل «است» به کار برده می‌شود و از بقیّه‌ی اشخاص آن که «استم، استی، استیم، استید، استند» باشد، استفاده نمی‌شود.

کسره‌ی اضافه:

کسره‌ی اضافه دو اسم (اسم ‑ اسم، اسم ‑ صفت، اسم ‑ ضمیر) را به هم متّصل می‌کند تا معنی جدیدی از آن بدست آید.

اسمِ بیژن

کلاسِ ما

یکی از موارد استفاده از کسره‌ی اضافه، متّصل کردن اسم کوچک به اسم خانوادگی است.

سیمینِ مهاجر،‌   بیژنِ اسدی

برای اطّلاعات بیشتر راجع به کسره‌ی اضافه رجوع کنید به درس ۹.

دستور زبان درس ۲

صرف هستن (زمان حال فعل «**بودن**») در زبان فارسی

	مفرد		جمع	
۱	هست + م		هست + یم	
۲	هست + ی		هست + ید	
۳	هست + ⊘		هست + ند	

- شما اهل کجا **هستید**؟

- من اهل دالاس **هستم**.

«**هستن**» صورت کوتاه تری نیز دارد که به اسم پیش از خود متّصل می‌شود و بجای «من شاگرد هستم» می‌توانیم بگوییم «شاگردم.»

شاگرد + م	شاگرد + **یم**
شاگرد + ی	شاگرد + **ید**
شاگرد + **است**	شاگرد + **ند**

لیندا، من از دیدن شما خوشحالم.

من هم از دیدن شما خوشحالم.

«**هستن**» هم بعنوان فعل ربطی به کار برده می‌شود مانند مثالهای بالا و هم معنی «وجود داشتن» دارد. مثال برای «وجود داشتن»: خدا   هست.   (خدا   وجود   دارد.)

او فکر می‌کند، پس هست. (وجود دارد)

ضمیر شخصی:

ضمیر، کلمه‌ای است که جانشین اسم می‌شود؛ برای جلوگیری از تکرار اسم و یا بعلّت ندانستن اسم. ضمیر همان نقش اسم را در جمله بازی می‌کند.

ضمیرهای شخصی یا جدا است یا پیوسته.

بیژن آنجا است. **او** را می‌بینید؟   اسم **شما** چیست؟

من اهل دالاس هستم.   **آنها** قهوه میل دارند.

شما اهل کجا هستید؟

ضمیرهای جدا از این قرار است:

	مفرد	جمع
۱	من	ما
۲	تو / شما	شما
۳	او / ایشان	آنها

دستور زبان درس ۳

زمان حال

زمان حال از ترکیب پیشوند **می + ریشه‌ی زمان حال**[1] + **ضمیرهای متصل فاعلی** ساخته می‌شود. ریشه‌ی زمان حال از تغییراتی که به مصدر داده می‌شود، درست می‌شود و در ابتدای فعل‌ها نیز به استثنای دو فعل «بودن و داشتن» کلمه‌ی «می» می‌آید.

مصدر		ریشه‌ی حال
دیدن	←	بین
خواستن	←	خواه
رفتن	←	رو

	مفرد	جمع
۱	می + رو + م	می + رو + یم
۲	می + رو + ی	می + رو + ید
۳	می + رو + د	می + رو + ند

	مفرد	جمع

---

[1] بیشتر ریشه‌های زمان حال در فارسی بی‌قاعده است و برای یافتن آنها رجوع کنید به «فهرست فعل‌های بی‌قاعده‌ی فارسی» در آخر کتاب.

۱	می + خور + م	می + خور + یم
۲	می + خور + ی	می + خور + ید
۳	می + خور + د	می + خور + ند

	مفرد	جمع
۱	می + بین + م	می + بین + یم
۲	می + بین + ی	می + بین + ید
۳	می + بین + د	می + بین + ند

ریشهٔ زمان حال فعل‌های فارسی اغلب بی‌قاعده هستند و لیستی از آن‌ها در آخر کتاب داده شده است.

X

گذشته **حال** **آینده**

موارد استعمال فعل حال (مضارع):

برای کاری که در زمان حال صورت می‌گیرد.

بیژن به قهوه خانه‌ی دانشگاه می‌رود.

لیندا چای می‌نوشد.

ضمیر اشاره

ضمیر اشاره ضمیری است که برای اشاره به مکانهای نزدیک و دور بکار برده می‌شود؛ ضمیر «**این**» برای اشاره به نزدیک و «**آن**» برای اشاره به دور.

مثال:

- این خانم فامیل شماست؟
- نه، این خانم دوست من است.
- حساب آن‌ها چقدر است؟

دستور زبان درس ۴

علامت جمع:

علامت جمع در فارسی بر چند نوع است:

«**ان**» برای جانداران مثل: آقایان، دختران، پسران، اسبان

«**ها**» هم برای جانداران هم غیر جانداران مثل: خانمها، بچّهها، میزها، صندلیها، کتابها

مدادها کجا هستند؟

کتابهایمان را میخواهیم.

ضمیرپیوسته (متّصل):

ضمیر متّصل یا پیوسته، ضمیری است که به کلمهی پیش از خود بپیوندد و به تنهائی دارای معنی نباشد. از این قرار:

	مفرد	جمع
۱	ـَ م	ـِ مان
۲	ـَ ت	ـِ تان
۳	ـَ ش	ـِ شان

کتاب + م   کتاب + مان

کتاب + ت   کتاب + تان

کتا ب + ش   کتاب + شان

ضمیر پیوسته (متّصل) چون مالکیت‌را نشان می‌دهد، ضمیر ملکی نیز خوانده می‌شود.

- اسم کتابهایتان را به من بدهید.
- کتابهایمان را می‌خواهیم.

جملهٔ سؤالی (پرسشی)

از چند راه می‌توان جمله‌ای را در فارسی سؤالی کرد:

الف. با گذاشتن علامت سؤال در آخر جمله خبری در نگارش و بالا بردن صدا در گفتگو.

- بیژن به دانشگاه می‌رود؟
- تو با ما می‌آیی؟
- شما من را دوست دارید؟

ب – با کلمه‌های پرسشی نظیر «چه»، «کجا»، «کی»، «کِی»، «کدام» و «چند».

- چه غذائی دوست داری؟
- کتابفروشی تا کِی باز است؟
- مدادها کجا هستند؟

- شما در کدام اتاق هستید؟
- حساب ما چقدر شد؟

ج- با آوردن کلمه‌ی پرسشی «آیا» در ابتدای جمله و علامت سؤال در آخر جمله بهنگام نوشتن.

- آیا شما بیژن را می‌بینید؟
- آیا او به آنجا می‌رود؟
- آیا شما کتاب می‌خوانید؟

فعل پیشوندی:

فعلهای پیشوندی از ترکیب یک پیشوند با فعل اصلی ساخته می‌شوند. مثال: برگشتن

- پس ما فردا صبح بر می گردیم.

پیشوند + فعل ← **فعل پیشوندی**

بر + گشتن ← برگشتن

در پیش + داشتن ← در پیش داشتن (لیندا، مسافرت خوبی در پیش داری.)

دستور زبان درس ۵

فعل امر:

فعل امر نیز از ریشه‌ی حال درست می‌شود و فقط دو صورت دارد. دوّم شخص مفرد و دوّم شخص جمع.

در اوّل فعل امر یک «ب» آورده می‌شود که ممکن است با ـِ یا ـُ تلفّظ شود.

بُرو / بُکن / بِریز / بِکوش / بِده

برِوید / بُکُنید / بِریزید / بِکوشید / بِدهید

بـ + ریشه حال + ضمیرهای متّصل فاعلی = فعل امر

رفتن ← رو ← بُرو (دوّم شخص مفرد)

رفتن ← رو ← بروید (دوّم شخص جمع)

کردن ← کن ← بُکن (دوّم شخص مفرد)

کردن ← کن ← بُکنید (دوّم شخص جمع)

لطفاً اسم کتابهایتان را به من بدهید.

لطفاً مقداری سبزی و پنیر بخر.

پس تو هم چند بطری نوشابه بخر.

دستور زبان درس ۶

مصدر / فعل گذشته

علامت مصدر در فارسی «ـ َن» است نظیر کردَن، خریدَن، دوختَن، رفتَن، گذشتَن و غیره.

هر گاه که «ـ َن» رااز آخر مصدر حذف کنیم آن چه که باقی می‌ماند ریشه‌ی زمان گذشته است.

فعل گذشته (ماضی) را با **ریشه‌ی گذشته** + **ضمیرهای فاعلی پیوسته** (متّصل) درست می کنیم.

مصدر	**ریشه‌ی گذشته**	**ضمائر فاعلی متّصل**
رفتن	رفت	+ َم
کردن	کرد	+ ی
گرفتن	گرفت	+ ∅
خوردن	خورد	+ یم
زَدَن	زد	+ ید
شناختن	شناخت	+ ند

- من با استاد زبان فارسی صحبت کردم.
- ثریّا مریض شد و نیامد.

- ۵ تا هم از همسایه‌مان <u>گرفتم</u>.

موارد استفاده فعل گذشته (ماضی)

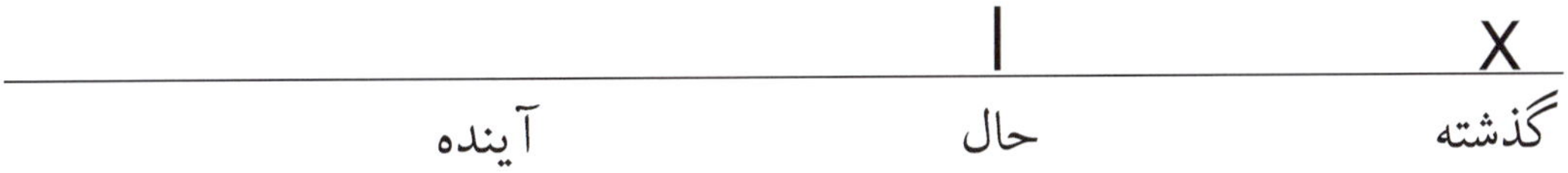

گذشته	حال	آینده
X	I	

کاری که در گذشته اتّفاق افتاده و پایان یافته است.

- من دیروز چهار بطری پپسی و دو بطری آب پرتقال خریدم.
- خوب شد که او را هم دعوت کردی.

منفی کردن فعل

علامت نفی در زبان فارسی « نِ » و « نَ » است. قبل از «می» « نِ » تلفّظ می‌شود و در بقیّه موارد « نَ ».

- نِمی‌رود، نِمی‌کند، ولی نَخورد، نَرَفت، نَرو

محل قرار گرفتن نشانهٔ نفی

۱- در زمان حال که با پیشوند «می» درست می‌شود، نشانه نفی قبل از «می» قرار می‌گیرد. مثل:

- نِمی‌خورد، نِمی‌رود.

۲- در افعال گذشتۀ ساده و حال ساده، در ابتدای فعل می‌آید. مثل:‌ بابک

به مدرسه نرفت.

شاگرد کتاب ندارد.

ثریّا مریض شد و نیامد.

۳- با فعل بی‌قاعده (irregular) «بودن» به صورت «نی» به کار برده می‌شود.

هستم ← نیستم   هستیم ← نیستیم

هستی ← نیستی   هستید ← نیستید

هست ← نیست   هستند ← نیستند

۴- در فعل امر برای منفی کردن « بـ » را که معمولا در ابتدای فعل امرمی آید

با « نَـ » جانشین میکنیم. مثال:

برو - نَرو؛ بکن - نَکن؛ بخور - نَخور

دستور زبان درس ۷

فعل ساده و مرکّب

افعال فارسی دو نوع است: ساده و مرکّب

افعال ساده نظیر، خریدن، خوردن، رفتن که از یک کلمه تشکیل می‌شود.

افعال مرکّب از یک یا چند کلمه به اضافه یک فعل ساده ساخته می‌شود. مثال:

کار کردن، غذا خوردن، بزرگ شدن، کوتاه شدن، بالا رفتن، پائین آمدن

مثال‌های بیشتر از درس‌ها:

دیدن کردن	در بین راه از چند شهر کوچک و بزرگ دیدن کردند.
نشان دادن	تا به دوستانشان نشان بدهند.
درست کردن	او برای آنها آش رشته و چلو کباب درست کرد.
تعارف کردن	ثریّا خانم به آنها شله زرد تعارف کرد.
تشکّر کردن	لیندا از ثریّا خانم خیلی تشکّر کرد.
جواب دادن	ثریّا خانم جواب داد.
جشن گرفتن	آنها تولّد مادر بزرگ را جشن گرفتند.

جملۀ تعجّبی

جملۀ تعجّبی از چه + اسم + ــی ساخته می‌شود و بر خلاف «چه» پرسشی انتظار جواب ندارد و در آخر جمله نیز علامت تعجّب (!) بکار برده می‌شود.

چه غذاهای خوشمزه‌ای!

چه کیک قشنگی!

چه عکسهای خوبی!

دستور زبان درس ۸

فعل التزامی:

فعل التزامی فعلی است که انجام کاری‌را با شک و تردید و یا با آرزو و تمنّا بیان میکند. این فعل بیشتر اوقات بعد ازفعل دیگری می‌آید و باین سبب آنرا ساختمان دو فعلی هم می‌گویند. مثل: باید بیائی، می‌توانم بیایم، شاید بیایم، می‌خواهم بیایم، دوست‌داری بیائی، باید بخورم

فعل التزامی از ریشه‌ی حال ساخته می‌شود به اضافه‌ی ضمیرهای متّصل فاعلی و «بِ» در اوّل فعل.

بـ + ریشه‌ی حال + ضمیر متّصل فاعلی

شخص	مفرد	جمع
۱	ب + رو + م	ب + رو + یم
۲	ب + رو + ی	ب + رو + ید
۳	ب + رو + د	ب + رو + ند

فعل‌ها و عبارت‌هائی که در ساختمان دو فعلی، فعل بعدی را التزامی می کنند، از قرارِ زیر است:

باید ← باید بخورم

شاید ← شاید بخوری

توانستن ← می‌توانی بخوری

خواستن	←	می‌خواهی بخوری
بهتر است	←	بهتر است بخوری
ممکن است	←	ممکن است بخوری
قرار است	←	قرار است بخوری

امیدوار هستم به شما خوش بگذرد.

امیدوارم به تو خوش بگذرد.

آیا می‌توانم آلبوم خانوادگی شما را ببینم؟

آیا بهتر نیست غذا هم بپزیم؟

بیژن، تو هم دوست داری بیائی؟

برای منفی کردن افعال التزامی، « نـ » بر سر فعل اوّل می‌آید. مثال:

- او نخواست کتاب بخواند.

- من نتوانستم به مسافرت بروم.

- بابک نباید دیر به کلاس بیاید.

حروف اضافه

حروف اضافه، کلمه‌های بیان کنندهٔ مکان، زمان و غیره هستند و ارتباط بین

دو قسمت از یک جمله را نشان می‌دهند. مثل: در - روی - از

بیان کننده‌ی مکان: **در** ونکوور زندگی می‌کند.

بیان کننده‌ی زمان: **در** ماه تیر به مسافرت می‌روم.

بیان کننده‌ی مقدار: قیمت آن خانه **در** حدود هفتصد هزار دلار است.

حرف اضافه می‌تواند یک کلمه و یا چند کلمه باشد.

یک کلمه: در، از، به، با و یا چند کلمه «برخلاف»، «برعکس»

مثال برای یک کلمه

در کجا گرفته شده است؟

امیدوارم **به** تو خوش بگذرد.

من **از** ازدواج برادرم عکسی ندارم.

او معلّم است و **با** دختر و پسرش **در** اصفهان زندگی می‌کند.

مثال برای چند کلمه:

من **برخلاف** جهت رانندگی کردم.

من **برعکس** شما، آن فیلم را دوست نداشتم.

معرفه و نکره

اسم‌ها در زبان فارسی یا معرفه‌اند یا نکره. اسم اگر در نزد شنونده و یا خواننده معلوم باشد، معرفه است. مثل:

بیژن به کانادا می‌رود.

(«بیژن» و «کانادا» هر دو اسم خاصّ هستند و معرفه)

لیندا آمریکائی است.

اسمی که در نزد شنونده و خواننده معلوم نباشد، اسم نکره است و علامت اصلی
نکره « ی » است که معمولا در آخر اسم می‌آید:

من از عروسی برادرم عکسی ندارم.

من بلیتی می‌خواهم.

و اگر اسم، صفتی بهمراه داشته باشد « ی » می‌تواند که در آخر صفت هم
بیاید. مثال:

من بلیت ارزانی می‌خواهم.

(در اینجا «ی» نکره در آخر صفت «ارزان» آمده است.)

دستور زبان درس ۹

اضافه

درزبان فارسی می‌توان دو کلمه (اسم + اسم؛ اسم + صفت؛ اسم + ضمیر) را بهم متّصل کرد و مفهوم تازه‌ای بوجود آورد. این اضافه بوسیله‌ی کسره‌ای است که در آخر کلمه‌ی اوّل می‌آید:

روزِ جمعه	اسم	+	اسم
بلیتِ هواپیما	اسم	+	اسم
بلیتِ ما	اسم	+	ضمیر
بلیتِ ارزان	اسم	+	صفت
خانهِ شما	اسم	+	ضمیر

در حالت اضافه پس از کلمه‌هائی که به آوای بلند « ا» و « او» ختم می‌شوند یک «ی» برای آسانی تلفّظ بین دو اسم اضافه می‌شود و در این صورت کسره‌ی اضافه به «ی» متّصل می‌شود. مثل:

مویِ کوتاه، پایِ کوچک، هوایِ گرم

و همچنین به کلماتی که با « ـه» آخر ختم می‌شوند یک « ی» اضافه میکنیم. وآن یا به صورت «ی» نوشته میشود:

خانه‌یِ بزرگ و یا قسمت اوّل « ی » را که شبیه همزه است روی « ـه» میگذاریم: خانهٔ بزرگ، شانهٔ او. مثال:

پا – یِ – من　　　مو – یِ – او

خدا – یِ - جهان　　　خا نهٔ من

	مضاف	کسره
حروف بی‌صدا	سر	ـِ
	کتاب	ـِ
	میز	ـِ
حروف صدادار ا: پا، جا و: مو، رو، بو	پا	یِ
	جا	یِ
	بو	یِ
	مو	یِ
ه: خانه، شانه	خانه	یِ
	شانه	یِ

بعضی از مورداستفاده از اضافه:

۱- مالکیّت را میرساند، مثال: کتابِ من، خانهٔ شما

۲- صفت و موصوف میسازد، مثال:

کتابِ بزرگ، خانهٔ قشنگ

۳- اسم کوچک را به اسم فامیل متّصل میکند. مثال:

سیمینِ مهاجر، بیژنِ گنجوی

صفت و درجات صفت

صفت کلمه ایست که اسم را توصیف و بیان می کند و در زبان فارسی بیشتر بعد از اسم می‌آید. برای اتّصال صفت به اسم از کسره‌ی اضافه استفاده می‌شود که بیشتر شنیده می‌شود تا نوشته.

بلیتِ ارزان *جایِ خالی*

آنچه که در باره‌ی نوشتن کسره‌ی اضافه در بالا گفته شد در باره‌ی اسم و صفت نیز صادق است.

صفت برتر (تفصیلی)

وقتی بخواهیم دو چیز یا دو کس را در زبان فارسی مقایسه کنیم از علامت «تر» استفاده می کنیم.

این خانه از آن خانه بزرگ تر است.

بلیت روز جمعه از روزهای دیگر ارزان تر است.

روز جمعه از روزهای دیگر بهتر است.

این درس از آن درس آسان تر است.

صفت برترین (عالی)

هر گاه مقایسه بین چیزی و کسی با سایر هم جنسان خود باشد از علامت «ترین» استفاده می کنیم.

ارزان ترین بلیت ما برای روز جمعه است.

تاریخی‌ترین شهر ایران، اصفهان است.

بهترین روز برای مسافرت، روز جمعه است.

صفت برترین صفتی است که جلوی اسم قرار می‌گیرد و در نتیجه کسره‌ی اضافه نیز لازم ندارد.

به یک طریق دیگر هم می‌توان صفت برترین ساخت و آن هم استفاده «از همه» است به اضافه صفت برتر (تفصیلی).

از همه + صفت + تر

از همه + قشنگ + تر

خانه‌ی او از همه قشنگ تر است.

از همه + به + تر

این کتاب از همه بهتر است.

از همه + گران + تر

بلیت روز جمعه از همه گران تر است.

دستور زبان درس ۱۰

اعداد اصلی

اعداد اصلی از یک تا ۱۹ به ترتیب زیر است:

یک	(۱)	یازده	(۱۱)
دو	(۲)	دوازده	(۱۲)
سه	(۳)	سیزده	(۱۳)
چهار	(۴)	چهارده	(۱۴)
پنج	(۵)	پانزده	(۱۵)
شش	(۶)	شانزده	(۱۶)
هفت	(۷)	هفده	(۱۷)
هشت	(۸)	هجده	(۱۸)
نه	(۹)	نوزده	(۱۹)
ده	(۱۰)		

دهگان از ۱۰ تا ۹۹ از این قرار است:

ده (۱۰)، بیست (۲۰)، سی (۳۰)، چهل (۴۰)، پنجاه (۵۰)، شصت (۶۰)، هفتاد (۷۰)، هشتاد (۸۰)، نود (۹۰)، صد (۱۰۰)

از عدد بیست و یک (۲۱) به بعد، ابتدا دهگان می‌آید که با واو که «o» تلفّظ می‌شود به یکان متّصل می‌شود.

بیست و یک	۲۱
سی و پنج	۳۵
چهل و پنج	۴۵

در شمارش بالاترین عدد در ابتدا می‌آید.

بیست و پنج	(دهگان+ یکان)	(۲۵)
بیست و چهار	(دهگان+ یکان)	(۲۴)
بیست و سه	(دهگان+ یکان)	(۲۳)

اسم بعد از عدد همیشه به صورت مفرد به کار برده می‌شود.

پنج کتاب

صد هزار کلمه

ده خانه

اغلب بعد از عدد و قبل از اسم از «تا» استفاده می‌شود. فقط بعد از عدد «یک» «تا» نمی‌آید.

چهار تا کتاب

سه تا قلم

هفت تا پسر

یک کتاب   نه (یک تا کتاب)

فاعل و مفعول

یکی دیگر از الگوهای جمله سازی در زبان فارسی ترکیب فاعل + فعل و یا فاعل + مفعول + فعل است. حال ببینیم فاعل و مفعول چه هستند و چه تعریفی دارند:

فاعل کسی یا چیزی است که فعلی از او سر زده و یا حالتی به او نسبت داده شده است.

مثال:

- دکتر سه شنبه کارمی کند.

- من از ویرجینیا می‌آیم.

- دکتر به بیمارستان می‌رود.

- من مریض هستم.

- او خسته است.

مفعول کسی یا چیزی است که فعلی بر او واقع شده است. مثال:

- آیا دکتر بیماران بیمه را قبول می‌کند؟

- بله، ما بیمهٔ کایزر را قبول می‌کنیم.

- پس چهارشنبه شما را می‌بینم.

علامت مفعول بیواسطه « را » است که بعد از مفعول می‌آید. در زیر لیست کلمه‌هائی آمده است که اگر با مفعول همراه شود مفعول « را » می‌گیرد.
آن‌ها عبارتند از:

الف- ضمائر اشاره مثل **این** و **آن** این کتاب را خریدم. آن خانه را دیدم.

ب- اسم‌های خاصّ مثل **بیژن، ژاله** بیژن را دیدم.

علی را دوست دارم.

ج- ضمائر شخصی مثل **من، تو، او**

او را دیدم.

شما را دعوت کردم.

د- ضمائر ملکی مثل **َت، َش**

کتابش را به من داد.

خواهرش را دیدم.

ه. کلمه‌هائی نظیر همه، همدیگر، هر کدام، هیچ کس، یکدیگر

همه را ندیدم.

همدیگر را بوسیدیم.

هر کدام را که می‌خواهید، بردارید.

هیچ کس را ندیدم.

یکدیگر را در خیابان ملاقات کردیم.

دستور زبان درس ۱۱

افعال لازم و متعدّی (ناگذر و گذرا)

فعل یا بدون مفعول معنی کامل دارد و در آن صورت فعل لازم (ناگذر) است.

مثل:

بابک آمد. کاوه رفت

و یا برای کامل شدن معنا به مفعول نیاز دارد که در آن صورت آن را فعل متعدّی (گذرا) می‌نامیم.

بیژن، آقای اسدی را دید.

اگر در جمله‌ی بالا مفعول (آقای اسدی) را حذف کنیم معنی جمله کامل نیست.

- پس لازم است این آزمایش‌ها را انجام بدهی.
- تا دوباره تورا ببینم.

دستور زبان درس ۱۲

جملهٔ ساده، جمله‌ایست که فقط یک فعل داشته باشد. مثل: به انگلستان می‌روم.

یک سال آنجا می‌مانم.

امّا همیشه نمی‌توان مفاهیم ذهنی را با یک جمله بیان کرد؛ ناگزیر برای بیان مفاهیم گسترده تر به چند جمله نیاز است. حال این جمله‌ها یا جمله‌های سادهٔ مستقلّ بهم پیوسته هستند و یا جمله‌های وابسته. مثال برای جمله‌های سادهٔ بهم پیوسته:

- اوّل از لندن دیدن می‌کنم و بعد به آکسفورد میروم.
- من خودم هم خیلی خوشحالم و برای این سفر روز شماری می‌کنم.

جمله‌های وابسته شامل یک جمله پایه است و یک جمله پیرو. بر خلاف جمله‌های سادهٔ مستقلّ بهم پیوسته که هر جمله مفهوم مستقلّی را بیان می‌کند، جملهٔ پیرو به تنهائی معنی مستقلّی ندارد و برای تمام کردن معنی جملهٔ پایه بکار می‌رود. مثال:

- چون مریض بودم به مهمانی نرفتم.
- برای اینکه خوب بخوابم، شبها قهوه نمی‌خورم.

جمله‌های «چون مریض بودم» و «برای اینکه خوب بخوابم» پیرو هستند و بتنهائی بکار برده نمی‌شوند و برای کامل وتمام شدن احتیاج به جمله‌های پایه دارند.

حروف ربط:

حرف ربط، حرفی است که میتواند دو کلمه، یا دو قسمت جمله، و یا دو جمله‌ی مستقل را به هم پیوند دهد. مثل:

«و»، «ولی»، «امّا»، «هم...هم»، «یا»، «برای این که»، «بنابراین» و غیره. این حروف همیشه به یک شکل به کار می‌روند و تغییر شکل نمی‌دهند.

بیژن ــو من دوست هستیم. (اسم + اسم)

بودن ــو نبودن دو مسئله‌ی مهّم است. (مصدر + مصدر).

ما رفتیم ولی او آن جا نبود. (جمله + جمله)

هم بیژن، هم ژاله در کلاس هستند. (قسمتی از جمله + قسمتی دیگراز جمله)

سعی کن تا موفّق شوی. (جمله + جمله)

او نیامد بنابراین من هم نرفتم. (جمله + جمله)

- برای گردش می‌روی یا تحصیل؟
- دوست دارم جامعه شناسی یا روانشناسی بخوانم.
- پس هم فال است و هم تماشا.

- از چند شهر در داخل انگلستان دیدن می‌کنم و بعد از آن به آکسفورد می‌روم.

قید

صفت، اسم را توصیف می‌کند و قید فعل را. قید انواعی دارد که در اینجا به شرح قید زمان و مکان بسنده می‌کنیم.

قید زمان معمولا در جواب «کِی» می‌آید. مثال:

- من دیروز به فروشگاه رفتم. در جواب «شما کِی به فروشگاه رفتید؟»
- من ماه آینده به انگلستان می‌روم. در جواب «لیندا کِی به انگلستان می‌رود؟»

قید مکان در جواب «کجا» می‌آید. مثال:

- لیندا فردا به انگلستان می‌رود.

در جواب: «لیندا کجا می‌رود؟»

- من بعد از آن به آکسفورد می‌روم.

در جواب: «من بعد از آن به کجا می‌روم؟»

دستور زبان درس ۱۳

ضمیر مشترک

ضمیری است که برای همهٔ افراد (اوّل شخص مفرد تا سوّم شخص جمع) یکسان بکار برده می‌شود و بیشتر اوقات برای تأکید است. ضمیر مشترک دو است: خود و خویش.

مثال:

من به آنجا رفتم. (این جمله خبر از رفتن شما به آنجا می‌دهد) ولی اگر بگوئید من <u>خود</u> به آنجا رفتم. تأکید می‌کند که کسی که به آنجا رفته است شخص شماست و نه کس دیگری.

- سی و سه پل زیبائی مخصوص خود را دارد.

- من خود این خبر را شنیدم.

- تو خود این خبر را شنیدی.

- او خود این خبر را شنید.

- ما خود این خبر را شنیدیم.

- شما خود این خبر را شنیدید.

- آنها خود این خبر را شنیدند.

همانطور که در مثال بالا دیده می‌شود، «خود» در همه‌ی افراد به یک شکل بکار رفته است.

دستور زبان درس ۱۴

اعداد ترتیبی:

اعداد ترتیبی با اضافه کردن «ـُ م» یا «ـُ مین» به اعداد اصلی ساخته می‌شود.

مثل:

درس چهار ← درس چهارُم ← چهارُمین درس

صَد نفر ← نفر صَدُم ← صدُمین نفر

هزار ← بار هزارُم ← هزارُمین بار

شماره‌های اوّل ، دوّم، و سوّم از این قاعده مستثنی هستند.

- فروردین، اوّلین ماه سال است.
- آخرین چهارشنبهٔ سال، چهارشنبه سوری است.
- روز اوّل بهار، روز عید ایرانیان است.

گذشتهٔ (ماضی) نقلی (حال کامل)

گذشته نقلی نشان می‌دهد که کاری در گذشته شروع شده و هنوز ادامه دارد و یا اثر آن هنوز حسّ می‌شود.

گذشته
حال
آینده

مثال:

- و غذاهائی را که قبلا آماده کرده‌اند، نوش جان می کنند.

- اصفهان در دامنهٔ کوه زاگرس قرار گرفته است.

- آیا اسم نویسی کرده‌ای؟

ساختمان گذشتهٔ نقلی (حال کامل)

این زمان را از **ریشه‌ی گذشته + ــه + ضمیرهای متّصل فاعلی** درست می‌کنیم.

ریشه‌ی گذشته باضافهٔ ــه را اسم مفعول می‌نامند. مثال:

رفت (ریشه‌ی گذشته) + ــه + ام	رفته‌ام
رفت (ریشه‌ی گذشته) + ــه + ای	رفته‌ای
رفت (ریشه‌ی گذشته) + ــه + است	رفته‌است
رفت (ریشه‌ی گذشته) + ــه + ایم	رفته‌ایم
رفت (ریشه‌ی گذشته) + ــه + اید	رفته‌اید
رفت (ریشه‌ی گذشته) + ــه + اند	رفته‌اند

دستور زبان درس ۱۵

ترتیب اجزاء جمله

در جمله‌های فارسی معمولا اوّل فاعل می‌آید. مثل:

_من_ رفتم.

_او_ می‌آید.

بابک درس می‌خواند.

اگر جمله‌ای مفعول داشته باشد، مفعول بعد از فاعل و پیش از فعل آورده میشود.

مثال:

من _او_ را دیدم.

بابک _درسش_ را تمام کرد.

آنها _دستهای خود_ را شستند.

قید زمان معمولا در جمله بعد از فاعل می‌آید، مگر آن که تأکید روی آن باشد که در آن صورت در ابتدای جمله و قبل از فاعل آورده می شود.

مثال: دیروز من او را دیدم.

در اینجا تأکید بیشتر بر زمان است تا فاعل.

من دیروز او را دیدم.

تأکید بر فاعل است تا زمان.

قید مکان معمولا بعد از مفعول وقبل از فعل می‌آید. مثال:

من دیروز او را در خیابان دیدم.

ما فردا بابک را در مدرسه می‌بینیم.

بطور کلّی می‌توان گفت که هر چه تأکید بر یکی از اجزاء جمله بیشتر باشد، آن جزء در اوّل جمله و یا نزدیکتر به اوّل آورده میشود.

من دیروز او را در مدرسه دیدم.   (ترتیب معمول)

دیروز من او را در مدرسه دیدم.   (تأکید بر زمان)

«دیروز» نه وقت دیگری

او را من دیروز در مدرسه دیدم   (تأکید بر او (مفعول))

«او را» نه کس دیگری را

در مدرسه، من دیروز او را دیدم.   (تأکید بر محلّ دیدن)

در «مدرسه» نه جای دیگری

دیدم من دیروز او را در مدرسه   (تأکید بر فعل)

«دیدم» نه «یافتم»، «پیدا کردم،»، و غیره

امّا ترتیبی که گفته شد، معمولا در شعر برای رعایت وزن و قافیه و سایر مسائل تکنیکی رعایت نمی‌شود و این را بر ندانستن دستور زبان حمل نباید کرد. مثال:

می‌رسد بوی نوروز.

نسیم آمد از کوه.

شمع را کرد روشن.

زد گلی سرخ و زیبا روی پیراهن من.

صرف کردن پاره‌ای از فعلها
Sample Conjugation of Verbs

بودن TO BE

حال ساده Simple Present

ما هستیم	من هستم
شما هستید	تو هستی
آنها هستند	او هست

گذشته‌ی ساده Simple Past

بودیم	بودم
بودید	بودی
بودند	بود

امری Imperative

باشید	باش

ماضی، گذشته‌ی نقلی (حال کامل) Present Perfect

بوده‌ایم	بوده‌ام
بوده‌اید	بوده‌ای
بوده‌اند	بوده است

کردن To Do

حال ساده Simple Present

می کنیم	می کنم
می کنید	می کنی
می کنند	می کند

گذشته‌ی ساده Simple Past

کردیم	کردم
کردید	کردی
کردند	کرد

امری Imperative

بکنید	بکن

ماضی،گذشته‌ی نقلی (حال کامل) Present Perfect

کرده‌ایم	کرده‌ام
کرده‌اید	کرده‌ای
کرده‌اند	کرده است

داشتن To Have

حال ساده Simple Present

(می)دارم	(می)داریم
(می)داری	(می)دارید
(می)دارد	(می)دارند

گذشته‌ی ساده Simple Past

داشتم	داشتیم
داشتی	داشتید
داشت	داشتند

امری Imperative

داشته باش	داشته باشید

ماضی، گذشته‌ی نقلی (حال کامل) Present Perfect

داشته‌ام	داشته‌ام
داشته‌ای	داشته‌اید
داشته‌است	داشته‌اند

نوشتن To Write

حال ساده Simple Present

می نویسم	می نویسیم
می نویسی	می‌نویسید
می نویسد	می نویسند

گذشته‌ی ساده Simple Past

نوشتم	نوشتیم
نوشتی	نوشتید
نوشت	نوشتند

امری Imperative

بنویس	بنویسید

ماضی، گذشته‌ی نقلی (حال کامل) Present Perfect

نوشته‌ام	نوشته‌ایم
نوشته‌ای	نوشته‌اید
نوشته است	نوشته‌اند

نوشیدن To Drink

حال ساده Simple Present

می‌نوشم	می‌نوشیم
می‌نوشی	می‌نوشید
می‌نوشد	می‌نوشند

گذشته‌ی ساده Simple Past

نوشیدم	نوشیدیم
نوشیدی	نوشیدید
نوشید	نوشیدند

امری Imperative

بنوش	بنوشید

ماضی، گذشته‌ی نقلی (حال کامل) Present Perfect

نوشیده‌ام	نوشیده‌ایم
نوشیده‌ای	نوشیده‌اید
نوشیده است	نوشیده‌اند

خواستن To Want

حال ساده Simple Present

می خواهم	می خواهیم
می خواهی	می خواهید
می خواهد	می خواهند

گذشته‌ی ساده Simple Past

خواستم	خواستیم
خواستی	خواستید
خواست	خواستند

امری Imperative

بخواه	بخواهید

ماضی، گذشته‌ی نقلی (حال کامل) Present Perfect

خواسته‌ام	خواسته‌ایم
خواسته‌ای	خواسته‌اید
خواسته است	خواسته‌اند

شدن TO BECOME

حال ساده Simple Present

می‌شویم	می‌شوم
می‌شوید	می‌شوی
می‌شوند	می‌شود

گذشته‌ی ساده Simple Past

شدیم	شدم
شدید	شدی
شدند	شد

امری Imperative

بشوید	بشو

ماضی، گذشته‌ی نقلی (حال کامل) Present Perfect

شده‌ایم	شده‌ام
شده‌اید	شده‌ای
شده‌اند	شده است

دادن To GIVE

Simple Present حال ساده

می دهیم	می دهم
می دهید	می دهی
می دهند	می دهد

Simple Past گذشته‌ی ساده

دادیم	دادم
دادید	دادی
دادند	داد

Imperative امری

بدهید	بده

ماضی، گذشته‌ی نقلی (حال کامل) Present Perfect

داده‌ایم	داده‌ام
داده‌اید	داده‌ای
داده‌اند	داده‌است

رفتن To Go

حال ساده Simple Present

می روم	می رویم
می روی	می روید
می رود	می روند

گذشته‌ی ساده Simple Past

رفتم	رفتیم
رفتی	رفتید
رفت	رفتند

امری Imperative

برو	بروید

ماضی، گذشته‌ی نقلی (حال کامل) Present Perfect

رفته‌ام	رفته‌ایم
رفته‌ای	رفته‌اید
رفته است	رفته‌اند

TO COME آمدن

حال ساده Simple Present

می آییم	می آیم
می آیید	می آیی
می آیند	می آید

گذشته‌ی ساده Simple Past

آمدیم	آمدم
آمدید	آمدی
آمدند	آمد

امری Imperative

بیایید	بیا

ماضی، گذشته‌ی نقلی (حال کامل) Present Perfect

آمده‌ایم	آمده‌ام
آمده‌اید	آمده‌ای
آمده‌اند	آمده است

خریدن To Buy

حال ساده Simple Present

می خرم	می خریم
می خری	می خرید
می خرد	می خرند

گذشته‌ی ساده Simple Past

خریدم	خریدیم
خریدی	خریدید
خرید	خریدند

امری Imperative

بخر	بخرید

ماضی، گذشته‌ی نقلی (حال کامل) Present Perfect

خریده‌ام	خریده‌ایم
خریده‌ای	خریده‌اید
خریده است	خریده‌اند

گرفتن To Take

حال ساده Simple Present

می گیرم	می گیریم
می گیری	می گیرید
می گیرد	می گیرند

گذشته‌ی ساده Simple Past

گرفتم	گرفتیم
گرفتی	گرفتید
گرفت	گرفتند

امری Imperative

بگیر	بگیرید

ماضی، گذشته‌ی نقلی (حال کامل) Present Perfect

گرفته‌ام	گرفته‌ایم
گرفته‌ای	گرفته‌اید
گرفته است	گرفته‌اند

خوانده To Read

حال ساده Simple Present

می خوانم	می خوانیم
می خوانی	می خوانید
می خواند	می خوانند

گذشته‌ی ساده Simple Past

خواندم	خواندیم
خواندی	خواندید
خواند	خواندند

امری Imperative

بخوان	بخوانید

ماضی، گذشته‌ی نقلی (حال کامل) Present Perfect

خوانده‌ام	خوانده‌ایم
خوانده‌ای	خوانده‌اید
خوانده است	خوانده‌اند

To Take بردن

Simple Present حال ساده

می برم	می بریم
می بری	می برید
می برد	می برند

Simple Past گذشته‌ی ساده

بردم	بردیم
بردی	بردید
برد	بردند

Imperative امری

ببر	ببرید

Present Perfect ماضی،گذشته‌ی نقلی (حال کامل)

برده‌ام	برده‌ایم
برده‌ای	برده‌اید
برده است	برده‌اند

دیدن To See

حال ساده Simple Present

می بینم	می بینیم
می بینی	می بینید
می بیند	می بینند

گذشته‌ی ساده Simple Past

دیدم	دیدیم
دیدی	دیدید
دید	دیدند

امری Imperative

ببین	ببینید

ماضی، گذشته‌ی نقلی (حال کامل) Present Perfect

دیده‌ام	دیده‌ایم
دیده‌ای	دیده‌اید
دیده است	دیده‌اند

ماندن TO STAY

Simple Present حال ساده

می‌مانیم	می‌مانم
می‌مانید	می‌مانی
می‌مانند	می‌ماند

Simple Past گذشته‌ی ساده

ماندیم	ماندم
ماندید	ماندی
ماندند	ماند

Imperative امری

بمانید	بمان

ماضی،گذشته‌ی نقلی (حال کامل) Present Perfect

مانده‌ایم	مانده‌ام
مانده‌اید	مانده‌ای
مانده‌اند	مانده است

چیدن TO ARRANGE

حال ساده Simple Present

می چینیم	می چینم
می چینید	می چینی
می چینند	می چیند

گذشته‌ی ساده Simple Past

چیدیم	چیدم
چیدید	چیدی
چیدند	چید

امری Imperative

بچینید	بچین

ماضی، گذشته‌ی نقلی (حال کامل) Present Perfect

چیده‌ایم	چیده‌ام
چیده‌اید	چیده‌ای
چیده‌اند	چیده است

خندیدن TO LAUGH

حال ساده Simple Present

می خندیم	می خندم
می خندید	می خندی
می خندند	می خندد

گذشته‌ی ساده Simple Past

خندیدیم	خندیدم
خندیدید	خندیدی
خندیدند	خندید

امری Imperative

بخندید	بخند

ماضی، گذشته‌ی نقلی (حال کامل) Present Perfect

خندیده‌ایم	خندیده‌ام
خندیده‌اید	خندیده‌ای
خندیده‌اند	خندیده است

فهرست فعل‌های بی‌قاعده
Irregular Persian Verbs

Present Stem		Pronounciation	Infinitive (English)	Infinitive (Persian)
ã	آ	āmadan	to come	آمدن
āvar	آور	āvardan	to bring	آوردن
ist	ایست	istādan	to stand, to stand up	ایستادن
oft	افت	oftādan	to fall	افتادن
andāz	انداز	andakhtan	to throw	انداختن
baksh	بخش	bakhshidan	to grant, to pardon	بخشیدن
bar	بَر	bordan	to carry, to lead	بردن
bor	بُر	boridan	to cut	بریدن
band	بند	bastan	to close, to tie	بستن
bāsh	باش	budan	to be	بودن
paz	پز	pokhtan	to cook	پختن
par	پَر	paridan	to fly, to jump	پریدن
push	پوش	pushidan	to put on, to wear	پوشیدن
tavān	توان	tavānestan	to be able	توانستن
khar	خر	kharidan	to buy	خریدن
chin	چین	chidan	to pick	چیدن

Present Stem		Pronounciation	Infinitive (English)	Infinitive (Persian)
khāb	خواب	khābidan	to sleep	خوابیدن
khāh	خواه	khāstan	to want	خواستن
khān	خوان	khāndan	to read, to call, to recite	خواندن
deh	ده	dādan	to give	دادن
dār	دار	dāshtan	to have	داشتن
duz	دوز	dukhtan	to sew	دوختن
dān	دان	dānestan	to know	دانستن
bin	بین	didan	to see	دیدن
rān	ران	rāndan	to drive	راندن
res	رس	residan	to arrive, to reach	رسیدن
ro/rav	رو	raftan	to go	رفتن
ru	رو(ی)	ruidan	to grow	روئیدن
riz	ریز	rikhtan	to pour, to throw, to shed	ریختن
zan	زن	zadan	to hit	زدن
sāz	ساز	sākhtan	to construct	ساختن
suz	سوز	sukhtan	to burn	سوختن
shu	شو(ی)	shostan	to wash	شستن
sho / shav	شو	shodan	to become	شدن
shekan	شکن	shekastan	to break	شکستن

Present Stem		Pronounciation	Infinitive (English)	Infinitive (Persian)
shenās	شناس	shenākhtan	to recognize	شناختن
sheno / shenav	شنو / شنَو	shenidan	to hear	شنیدن
ferest	فرست	ferestadan	to send	فرستادن
forush	فروش	forukhtan	to sell	فروختن
fahm	فهم	fahmidan	to understand	فهمیدن
kon	کن	kardan	to do	کردن
kosh	کش	koshtan	to kill	کشتن
gard	گرد	gardidan	to turn, to rotate	گردیدن
kesh	کش	keshidan	to draw	کشیدن
gozār	گذار	gozāshtan	to put	گذاشتن
gozar	گذر	gozashtan	to pass	گذشتن
gir	گیر	gereftan	to take	گرفتن
gu	گو(ی)	goftan	to say	گفتن
mir	میر	mordan	to die	مردن
mān	مان	māndan	to remain	ماندن
neshin	نشین	neshastan	to sit	نشستن
nevis	نویس	neveshtan	to write	نوشتن
nush	نوش	nushidan	to drink	نوشیدن

واژه‌نامه‌ی دستوری
Glossary of Grammar Terms

sound .... صدا

final/unjoined letter .... شکل بزرگ

final .... پایانی

medial .... میانی

initial .... آغازی

vowel .... واکه / مصوّت

consonant .... صامت

glide/diphthong .... مصوّت مرکّب

sound .... آوا

silent vav .... واو معدوله/ بیصدا

structure .... ساختمان

sentence .... جمله

linking verb .... فعل ربطی

subject .... فاعل

predicate .... مُسند

connective "-e" .... کسرهٔ اضافه

adjective .... صفت

pronoun.. ضمیر

to conjugate.. صرف کردن

personal pronoun.. ضمیر شخصی

detached pronoun.. ضمیر جدا (مُنفصل)

present tense.. زمان حال (مُضارع)

prefix.. پیشوند

stem.. ریشه (بن)

connected pronoun .... ضمیر پیوسته (متّصل)

personal ending.. ضمیر متّصل فاعلی

infinitive .... مصدر

irregular verb.. فعل‌های بی‌قاعده

demonstrative pronoun .... ضمیر اشاره

plural marker.. علامت جمع

possessive pronoun.. ضمیر ملکی

interogative sentence .... جملهٔ سؤالی

interogatives.. استفهامی

interogative words .... کلمه‌های پرسشی

prefixed verb .... فعل پیشوندی

imperative.. فعل امر

singular.. مفرد

plural	جمع
first person singular	اوّل شخص مفرد
second person singular	دوّم شخص مفرد
third person singular	سوّم شخص مفرد
first person plural	اوّل شخص جمع
second person plural	دوّم شخص جمع
third person plural	سوّم شخص جمع
past tense	فعل گذشته (ماضی)
to negate	منفی کردن
simple verb	فعل ساده
compound verb	فعل مرکّب
exclamatory sentence	جملهٔ تعجّبی
subjunctive verb	فعل التزامی
preposition	حرف اضافه
definite	معرفه
indefinite	نکره
degrees of adjectives	درجات صفت
comparative adjective	صفت برتر (تفضیلی)
superlative adjective	صفت برترین (عالی)
cardinal number	عدد اصلی

ones...یکان

tens..دهگان

hundreds...صدگان

object..مفعول

direct object...مفعول بی‌واسطه

marker of direct object.............................علامت مفعول بی‌واسطه

proper noun...اسم خاصّ

intransitive verb......................................فعل لازم (ناگذر)

transitive verb...فعل متعدّی (گذرا)

simple sentence..جملهٔ ساده

independent simple sentence........................جملهٔ سادهٔ مستقل

coordinated sentence..................جملهٔ سادهٔ مستقل بهم پیوسته

compound sentence..جمله مرکّب

main sentence..جملهٔ پایه

subordinated sentence...جملهٔ پیرو

conjunction...حرف ربط

adverb..قید

adverb of time..قید زمان

adverb of place...قید مکان

common pronoun..ضمیر مشترک

عددهای ترتیبی .... ordinal number

گذشتهٔ (ماضی) نقلی .... present perfect tense

ترتیب اجزاء جمله .... word order in sentence